Marco Distort
Pornofalle – Der Weg zur Befreiung

Marco Distort

Pornofalle –
Der Weg zur Befreiung

Schwengeler

ISBN 3-85666-434-3

Bestell-Nr. 818434

© der deutschen Ausgabe 2004
by Schwengeler Verlag, CH-9442 Berneck
www.schwengeler.ch

Die italienische Originalausgabe erschien unter
dem Titel «Guarire dalla Pornografia»
© 2001 by Associazione UCEB

Übersetzung: Francesca Laisceddu-Happe

Gesamtherstellung und Umschlaggestaltung:
Cicero Studio, CH-9442 Berneck, www.cicero-studio.ch

Inhalt

Vorwort 7

Woher kommt das sexuelle Verlangen? 11

Die elektronische Versuchung 17

Geschichte von Sucht und Abhängigkeit 21

Die Auswirckung der Pornografie 25

Der therapeutische Wert der Schuldgefühle 35

Gründe, die zum Pornokonsum führen können 39

Der Weg der Befreiung 51

Schlusswort 81

Fussnoten 83

Vorwort

Männer werden eher als Frauen von einer stark körperbetonten Sexualität und von verschiedenen Arten des Beischlafes angesprochen, als von einer gegenseitigen Selbsthingabe aus Liebe und aus dem Wunsch nach echter Intimität, die zuerst die Seele und den Geist beschäftigt und dann den Körper. Sie werden häufiger als Frauen von visuellen Reizen erregt, die ihre sexuelle Begierde auslösen. Davor aber warnte sie der Herr Jesus in seiner unermesslichen Weisheit, als er sagte: «*Ihr habt gehört, dass gesagt ist: Du sollst nicht ehebrechen. Ich aber sage euch, dass jeder, der eine Frau ansieht, sie zu begehren, schon Ehebruch mit ihr begangen hat in seinem Herzen*» (Matthäus 5,27.28). Sogar unsere Gedanken werden dem Gericht Gottes nicht entgehen, denn «*das Wort Gottes ist ... ein Richter der Gedanken und Gesinnungen des Herzens*» (Hebräer 4,12).

Aus dieser Perspektive betrachtet ist die Pornografie ein gefährliches Mittel, das den Menschen nicht nur moralisch, sondern auch psychisch aus dem Gleichgewicht geraten lässt. Sie kann leicht eine Abhängigkeit von visuellen Erregungsreizen erzeugen, die mit der Zeit unerlässlich werden, um den sexuellen Wunsch überhaupt hervorzurufen. Zu viele Menschen, vorwiegend Männer, sind so weit, dass sie gewisse Bilder gar nicht mehr entbehren können, um sexuell erregt zu werden.

Wohin führt das?

Es klingt vielleicht widersinnig, aber Pornografie führt zu sexueller Unzufriedenheit und zu falschen Verhaltensmustern, die nichts als Schmerz und Abhängigkeit verursachen. Pornografie ist ein Problem, welches weitere Probleme gebiert. Man kann den Ausgangspunkt noch feststellen, doch nur schwer erahnt man, wie weit sie den inneren Zerfall vorantreibt.

Mit ihrem jährlichen Milliardenumsatz der Pornoindustrie bereichern sich wenige skrupellose Personen und bringen Millionen Menschen, insbesondere junge, moralisch und psychisch um. Sie haben sich in den Fängen ihres Netzes verwickelt, aus denen sie nur schwer herausfinden.

Wie viele können behaupten, noch nie einen kurzen Blick in Pornozeitschriften geworfen zu haben, die in immer grösserer Anzahl in jedem Kiosk ausliegen? Doch welche Eltern würden nicht zutiefst bestürzt reagieren, wenn sie gewisse Hefte im Zimmer ihrer heranwachsenden Sprösslinge versteckt entdecken würden? Wie vielen unter denen, die sich pornografischen Materials bedienen, ist bewusst, was für einer Sucht sie verfallen sind, aus der sie sich nicht zu befreien wissen?

Dieses kleine Buch möchte sowohl Jugendlichen als auch Verheirateten die Gefahren der Pornografie aufzeigen und einige Hilfestellungen anbieten, um von ihrer Abhängigkeit loszukommen. Es hat nicht den Anspruch, die gesamte damit verbundene Problematik ausführlich zu behandeln. Aber es kann als hilfreiches Instrument dienen, den Weg innerer Befreiung einzuschlagen, oder gar einem ihrer Opfer zu helfen. Vielleicht mag der eine oder andere denken, dass ich mit meiner Angstmacherei übertreibe und das, was ich geschrieben habe, aus einer rein «religiösen» Sicht des Problems stammt. Doch das stimmt leider nicht! Wir sollten nicht wie der Vogel Strauss den Kopf in den Sand stecken: Das Problem ist brandaktuell und greift immer weiter um sich. Wir selbst, unsere Kinder, unsere Freunde … alle sind potentielle Opfer dieses mentalen Krebses. Jeder trägt die Verantwortung, auf Gottes Wort zu hören. Dieses zeigt uns, wie wir Heilung erfahren, und es erinnert uns daran, dass allein Jesus Christus jede Kette sprengen und unser ganzes Wesen reinigen kann` – unsere Seele, unseren Geist und unseren Körper.

Woher kommt das sexuelle Verlangen?

Die Reize, die zur sexuellen Erregung führen, entstehen nicht im Genitalbereich. Die körperliche Reaktion der Genitalien, die den Geschlechtsverkehr ermöglicht, ist vielmehr die Antwort auf einen Impuls, der vom Gehirn ausgeht. Der Impuls kann durch verschiedene Faktoren hervorgerufen werden: Für einen Mann zum Beispiel ist es der Anblick einer besonders attraktiven Frau, ein kurzer Rock, ein verführerischer Blick usw. Für eine Frau könnte ein bestimmter Duft, ein Kuss oder ein Streicheln Auslöser sein.

Die Verbindung der Gedanken, die durch die Reize der Libido (Wollust) geweckt worden sind, löst die sexuelle Erregung aus. Als Folge davon bereitet sich der Körper auf den Geschlechtsverkehr vor. Dies ist eigentlich nur der zweite Schritt, dem das vorausgeht, was sich zuerst im Kopf abgespielt hat. Darum ist unser Kopf unser wichtigstes «Geschlechtsorgan», woher alle anderen Signale kommen, die dann die anderen Organe miteinbeziehen: Herz, Genitalien, Drüsen, peripheres Gefässsystem.

«Der Kopf» (d. h. der Verstand, der Sinn) wird in der Bibel auch «Herz» genannt und hat mit dem gleichnamigen Muskel nichts zu tun. Damit wir begreifen, was für eine entscheidende Rolle unsere Gedanken spielen, betonte der Herr Jesus: *«Denn aus dem Herzen kommen hervor böse Gedanken: Mord, Ehebruch, Unzucht, Dieberei, falsche Zeugnisse, Lästerungen; diese Dinge sind es, die den Menschen verunreinigen»* (Matthäus 15,19–20). Der Mensch kann also mit dem, womit er seine Gedanken ernährt, seine Handlungen verunreinigen!

Es besteht demnach eine enge Beziehung zwischen unseren Gedanken und Handlungen. Wir sollten deshalb in besonderer Art auf unsere *Gedanken* Acht geben. Darum ermahnt uns die Schrift ausdrücklich, unseren Sinn zu erneuern und zu schützen: «*... werdet verwandelt durch die Erneuerung des Sinnes*» (Römer 12,2) und «*Deshalb umgürtet die Lenden eurer Gesinnung ...*» (1. Petrus 1,13).

Was unser Thema anbelangt, müssen wir also besonders darauf achten, was wir mit unseren Sinnen aufnehmen, um nicht in die elende Falle der Abhängigkeit von pornografischen Bildern zu geraten.

Die sexuelle Betätigung hat stets eine grosse Anziehungskraft auf die Menschen ausgeübt. Schon in der Antike finden wir Fresken mit erotischen Szenen auf den Wänden mancher römischer Villen oder solcherart bemalte griechische Amphoren.

Seitdem ist viel Zeit vergangen. Heute schmunzeln wir beim Betrachten jener fast naiven Darstellungen, weil wir inzwischen mit einer enormen Anzahl erotischer Bilder umgeben sind, die immer deutlicher und unverschämter zur Schau gestellt werden.

Das Deutsche Strafgesetzbuch geht jedoch ziemlich streng gegen die Verbreitung pornografischer Schriften vor. In Paragraph 184 lesen wir folgendes:

«Wer pornografische Schriften (§11 Abs. 3)
1. einer Person unter achtzehn Jahren anbietet, überlässt oder zugänglich macht,
2. an einem Ort, der Personen unter achtzehn Jahren zugänglich ist oder von ihnen eingesehen werden kann, austeilt, anschlägt, vorführt oder sonst zugänglich macht,
3. im Einzelhandel ausserhalb von Geschäftsräumen, in Kiosken oder anderen Verkaufsstellen, die der

Kunde nicht zu betreten pflegt, im Versandhandel oder in gewerblichen Leihbüchereien oder Lesezirkeln einem anderen anbietet oder überlässt,
3 a. im Wege gewerblicher Vermietung oder vergleichbarer gewerblicher Gewährung des Gebrauchs, ausgenommen in Ladengeschäften, die Personen unter achtzehn Jahren nicht zugänglich sind und von ihnen nicht eingesehen werden können, einem anderen anbietet oder überlässt,
4. im Wege des Versandhandels einzuführen unternimmt,
5. öffentlich an einem Ort, der Personen unter achtzehn Jahren zugänglich ist oder von ihnen eingesehen werden kann, oder durch Verbreiten von Schriften ausserhalb des Geschäftsverkehrs mit dem einschlägigen Handel anbietet, ankündigt oder anpreist,
6. an einen anderen gelangen lässt, ohne von diesem hierzu aufgefordert zu sein,
7. in einer öffentlichen Filmvorführung gegen ein Entgelt zeigt, das ganz oder überwiegend für diese Vorführung verlangt wird,
8. herstellt, bezieht, liefert, vorrätig hält oder einzuführen unternimmt, um sie oder aus ihnen gewonnene Stücke im Sinne der Nummern 1 bis 7 zu verwenden oder einem anderen eine solche Verwendung zu ermöglichen, oder
9. auszuführen unternimmt, um sie oder aus ihnen gewonnene Stücke im Ausland unter Verstoss gegen die dort geltenden Strafvorschriften zu verbreiten oder öffentlich zugänglich zu machen oder eine solche Verwendung zu ermöglichen, wird mit Freiheitsstrafe bis zu einem Jahr oder mit Geldstrafe bestraft.»

Paragraph 183 a äussert sich gegen das Erregen öffentlichen Ärgernisses:

«Wer öffentlich sexuelle Handlungen vornimmt und dadurch absichtlich oder wissentlich ein Ärgernis erregt, wird mit Freiheitsstrafe bis zu einem Jahr oder mit Geldstrafe bestraft.»

Das Gesetz verbietet auch die Verbreitung pornografischer Darbietungen durch Rundfunk, Medien- oder Teledienste gemäss Paragraph 184 c:

«Nach den §§184 bis 184 b wird auch bestraft, wer eine pornografische Darbietung durch Rundfunk, Medien- oder Teledienste verbreitet. In den Fällen des §184 Abs. 1 ist Satz 1 bei einer Verbreitung durch Medien- oder Teledienste nicht anzuwenden, wenn durch technische oder sonstige Vorkehrungen sichergestellt ist, dass die pornografische Darbietung Personen unter achtzehn Jahren nicht zugänglich ist.»

Obwohl das Gesetz sich über das Thema klar äussert, lässt ihre Anwendung und die konsequente Vollstreckung der Strafe in der Praxis viel zu wünschen übrig, denn der Unterschied zwischen öffentlich und privat ist gross. Das Gesetz tritt in Kraft, wenn etwas öffentliches Ärgernis erregt, hält sich jedoch zurück, sobald dies in der Privatsphäre stattfindet. Es ist sicherlich richtig, dass sich der Staat nicht in die Entscheidungen und das Verhalten einmischt, die den Lebensstil seiner Bürger in ihren eigenen vier Wänden bestimmen, solange sie zulässig sind und anderen Mitmenschen keinen Schaden zufügen. Im Falle der Pornografie aber lässt man durch das Fenster genau das wieder hereinkommen, was man aus der Tür weggejagt hat. Das Ergebnis dieses verkappten Irrsinns im juristischen Umgang mit dem Thema ist, dass am Kiosk jeder auf bestimmte Schriften «ein Auge werfen» darf. Es fehlen weder die Werbeanzeigen für die Läden, die erotisches Material verkaufen (Sex-Shops), noch die immer perverseren Zeitschriften und Videos, die frei verkauft werden. Und der Umsatz der Pornoindustrie wächst und wächst.

Die elektronische Versuchung

Neben der Menge an Zeitschriften ist heute der Gebrauch von Videos sehr verbreitet, und immer häufiger bedient man sich pornografischen Materials aus dem Internet. Diese Praxis mit klaren Vorschriften zu regeln, ist aufgrund der Eigenschaften des Netzes nahezu unmöglich. Die Anonymität wird gewahrt, und ohne den lästigen Gang zum Kiosk oder zu speziellen Läden, der so manche in Verlegenheit bringt, bekommt man trotzdem das, was man möchte. Auf diese Art und Weise wird Pornografie auch denen verkauft, die sich sonst schämen würden, sich selbst solche Dinge zu beschaffen. Doch durch das anonyme Netzwerk geschützt überwinden sie ihre Hemmungen und betreten das Rotlichtmilieu.

Es kann sein, dass auch derjenige, der nur ein einziges Mal eine Pornowebseite besuchte, in seiner E-Mail-Box reichlich Werbung über lokale Sex-Shops findet, oder Hinweise auf neue erotische Webseiten bekommt, selbstverständlich mit der Anmerkung, er könne im Netz alles kaufen, was sein Herz begehrt. Es ist ein Trick, um immer mehr Kunden für einen Markt zu gewinnen, der sich wie ein Ölfleck ausbreitet. Doch die eigentliche Tragödie ist nicht finanzieller Art, sondern es handelt sich um ein geistliches und psychologisches Drama! Jeder Kunde ist eigentlich eine Seele, die in einen bodenlosen Abgrund der Abhängigkeit hineinstürzt, aus dem es immer schwerer wird, herauszufinden.

Ein Blick in die Statistik hilft uns begreifen, wie verbreitet dieses Phänomen ist.

Die Pornografie im Internet[1]

- Man rechnet, dass es auf der Welt mindestens 700 000 pornografische Internetseiten gibt.

- Die Pornowebseiten schätzt man auf über 4 Millionen.
- Der Internetumsatz, allein auf die Pornografie bezogen, wird auf 10 000 Millionen Euro geschätzt, mit einem jährlichen Wachstum von über 50 %.
- Man rechnet, dass unter den 153 Millionen Menschen, die im Internet surfen, mindestens 147 Millionen wenigstens einmal eine pornografische Internetseite besucht haben.
- 40 % aller Erwachsenen mit Internet-Anschluss besuchen regelmässig die pornografischen Internetseiten.

Die vielfältigen und differenzierten Angebote an pornografischem Material wecken Bedürfnisse, weil sie das natürliche Interesse und die vorhandene Neugier des Menschen an Sex ansprechen. Es sind vorwiegend Männer, die in den Bann der Pornografie geraten. Allerdings geben heutzutage eine immer grössere Anzahl von Frauen zu, mittlerweile auch davon Gebrauch zu machen. In einer neuen Zeitschrift, die verschiedene Themen behandelt (von Handyauswahl bis zur Computerbedienung; von Reiseberichten aus fernen Ländern bis zu Börsenanlagen – also keine erotische Zeitschrift!), ist unter anderem ein Artikel mit «coolen» Tipps erschienen, wie man einen «heissen» Abend mit seiner Partnerin (die nicht unbedingt die eigene Ehefrau sein sollte!) organisiert, an dem man sie überredet, sich einen Pornofilm anzugucken, um «den alltäglichen Eros etwas pfiffiger zu gestalten»[2]. Noch ein Beweis dafür, wie subtil sich die Pornografie in unseren Alltag und in unsere Häuser einschleicht, verborgen hinter der Maske der Normalität und der kulturellen Freiheit.

Langsam aber sicher gewöhnen wir uns an sie und betrachten sie nicht mehr als Problem. Im Gegenteil: Massenmedienexperten warnen, dass selbst Werbespots eine immer gewagtere erotische Botschaft beinhalten – bis sie eines Tages regelrechte Pornodarstellungen hemmungslos präsentieren werden.

Die Pornografie ist die Ursache einer enormen Anzahl von Problemen, die von einer leichten Störung bis zur Entwicklung eines echten krankhaften Suchtverhaltens reichen, das oft gefährliche Formen annehmen und sogar zum Sexualmord führen kann.

Hier einige Zahlen aus Italien:

Pornografie per Video[3]

- Schätzungsweise gibt es 4 000 000 Italiener, die regelmässig Pornofilme sehen.
- 1 000 000 davon tut dies zusammen mit einer Partnerin.
- Jedes Jahr werden in Italien etwa 3000 neue Pornofilme produziert.
- Man braucht im Durchschnitt etwa vier Tage, um einen Pornofilm zu drehen.
- Italien belegt den dritten Platz in der Rangliste der grössten Pornomärkte Europas.
- Es gibt über 40 verschiedene Arten dieser Filme, passend für jede Geschmacksrichtung und jede sexuelle Perversion.

Angesichts dieser Tatsachen ist man bestürzt. Italien, das unter den westlichen Ländern den Ruf hat, eine der von der christlichen Tradition am meisten geprägten Nationen zu sein, belegt leider eine der ersten Stellen in der Rangliste der Länder mit dem höchsten Gebrauch pornografischen Materials. Bei einer derart grossen Nutzeranzahl ist nicht auszuschliessen, dass dies als Rechtfertigung dient, um etwas normal zu nennen, was absolut nicht normal ist. Wie wir wissen, neigt der Mensch dazu, sich der Mehrheit anzupassen: Je weiter ein Lebensstil verbreitet ist, desto häufiger wird er gebilligt, bis er schliesslich zur massgeblichen Norm wird, wonach sich alle zu richten haben. Zu wissen, dass so viele Leute sich pornografischen Materials bedienen, kann den Eindruck vermitteln, das Ganze sei schliesslich nur halb so schlimm, denn alle machen es ja …

Wenn sogar wiedergeborene Christen so denken, bedeutet das, dass sie den Kampf aufgegeben und den Sieg stattdessen «dem Feind unserer Seelen» überlassen haben!

Geschichte von Sucht und Abhängigkeit

Wenn wir wüssten, was sich hinter der modernen Pornografie verbirgt, würden wir auf der Stelle versuchen, davon so schnell wie möglich freizukommen, oder diejenigen warnen, die davon Gebrauch machen. Hinter der Fassade eines hemmungslos dargestellten Genusses verbergen sich nämlich Geschichten unermesslichen Schmerzes, psychischer Abhängigkeit, sexueller Störungen und Perversionen und nicht zuletzt gravierende Ehekrisen, die von quälendem, persönlichem Leid gekennzeichnet sind.

Beim Betrachten der Lebensberichte vieler Jugendlicher fällt ein gemeinsamer Nenner sofort auf: wie unbehaglich sie ihren Zustand erleben.

Viele sind sehr frustriert und wissen nicht, wie sie aus ihrer Situation herausfinden können, zum Teil auch, weil sie nicht wissen, mit wem sie darüber sprechen könnten. Sie haben Angst, ihre persönliche Abhängigkeit einzugestehen, und versuchen stattdessen, sich mit den Schuldgefühlen, die ihr Gewissen plagen, zu arrangieren.

Auch ältere Menschen fühlen sich von der Pornografie angezogen, wahrscheinlich um ihr Erregungsdefizit durch starke Reize zu kompensieren. Leider machen sie die Rechnung ohne den Wirt. Denn durch solche Überflutung erotischer Reize entsteht eine starke Diskrepanz zwischen ihrem über das natürliche Mass hinaus stimulierten sexuellen Verlangen und ihren körperlichen Grenzen, die nun gewreckte Begierde auch noch zu befriedigen. Und schon stecken sie in diesem psychischen-physischen Teufelkreis, der sogar ihre individuelle Persönlichkeit verändern kann.

Die folgenden Berichte zeigen die Kehrseite der Medaille – die elende und erniedrigende Seite.

«... Seit einigen Jahren plagt mich ein Problem: die Pornografie. Aus Neugier hatte ich mir damals meine erste Zeitschrift gekauft. Ich bin Christ und Mitglied einer Gemeinde. Also weiss ich sehr wohl, dass es Sünde ist, sich solche Bilder anzugucken. (...) Ich kann dem Drang einige Wochen widerstehen, in diesen Zeitschriften zu blättern, doch dann bin ich plötzlich wie besessen davon, auch wenn ich versuche, dagegen zu kämpfen. Mein Verlangen danach ist stärker als mein Wille und beherrscht mich. (...) Ich kann die innere Zerrissenheit des Apostels Paulus in Römer 7,14–24 sehr gut nachvollziehen. Meine Beziehung zu Gott leidet auch sehr stark darunter. (...) Was kann ich tun, um von diesem unbarmherzigen und skrupellosen Herrn frei zu werden?»
Ludwig, 22 Jahre

«... Ich schäme mich sehr, über solche Dinge zu reden, weil ich sowohl in meiner Familie als auch in der Gemeinde, die ich seit meiner Kindheit besuche, sehr streng erzogen worden bin. (...) Ich weiss, dass die Pornografie ein vorwiegend unter Männern verbreitetes Problem ist. Doch leider bin ich auch davon betroffen. (...) Ich bin noch Jungfrau, aber ich bin von den Glücks- und Lustgefühlen der in diesen Zeitschriften dargestellten Liebespaare angezogen, obwohl ich mich manchmal eher davor ekele. (...) Ich weiss, dass es falsch ist, und habe Angst, von solchen Bildern abhängig zu werden, oder sie später als Muster für mein zukünftiges sexuelles Leben zu übernehmen. (...) Kann die Pornografie den natürlichen Liebesumgang zwischen den Eheleuten entstellen?»
Sylvia, 18 Jahre

«Ich bin kein Christ und zweifle stark an der Existenz Gottes. In der letzten Zeit aber beschäftige ich mich mit übersinnlichen Themen. (...) Bis vor kurzem war ich fest davon überzeugt, dass die christlichen Kirchen (sowohl die katholische als auch die evangelische) die Vorstellung der Sexualität völlig entstellt haben. (...) Ich stimmte mit einigen orientalischen Philosophien überein, die den Geschlechtsverkehr als eine mystische Vereinigung zwischen Mann und Frau betrachten, welche ihnen einen gewissen Anteil an der Gottheit ermöglicht. (...) Ich habe mehrere sexuelle Beziehungen gehabt. Obwohl ich bisher keinerlei mystische Verschmelzung mit dem Göttlichen verspürt habe, war ich trotzdem der Meinung, dass die Einstellung dieser Philosophien treffender sei als die der Christen. Ich habe eine Menge pornografischen Materials benutzt und war fest davon überzeugt, dass es völlig harmlos sei und nur einen Ausdruck der eigenen sexuellen Freiheit darstellen würde, jenseits jeglicher frommen Klischees der christlichen Moral. (...) Doch nach einer Weile musste ich meine Einstellung revidieren. Ich stellte fest, dass ich inzwischen in einem solchen Ausmass davon abhängig war, dass ich Schwierigkeiten hatte, ohne Pornografie überhaupt zur sexuellen Erregung vor einem Geschlechtsverkehr zu gelangen.»

Georg, 31 Jahre

«Jahrelang bin ich Sklave der Pornografie gewesen, vor der Ehe und auch danach. Ich hatte gedacht, mit der Ehe würde ich mein Problem endlich los, doch es kam ganz anders. Ich hatte eine Schublade voll pornografischer Zeitschriften. Zwar wollte ich sie schon immer entsorgen, aber ich schaffte es nicht. Ich fühlte mich wie ein Schwein, insbesondere wenn ich an meine Frau dachte: Wie hätte sie wohl reagiert, wenn sie alles entdeckt hätte?

(…) Immer wenn ich angespannt oder frustriert war, zog ich mich in meine fiktive Welt zurück und versuchte, durch diese Bilder den Druck abzubauen. Doch ich fühlte mich hinterher noch schlechter als vorher: Je länger ich es praktizierte, desto tiefer rutschte ich in die Sucht.

Ich versuchte, mich von dieser Sklaverei zu befreien. Sie war aber wie eine Droge geworden, und ich konnte sie nicht mehr entbehren. (…) Ich fühlte mich leer und probierte, mein Unbehagen durch stärkere Pornografie zu verdrängen. Dieses Bestreben wurde langsam Ziel und Inhalt meines ganzen Denkens. (…) Ich hatte den Boden des Abgrundes erreicht und glaubte, ich würde nie mehr daraus herausfinden …» Fabian, 36 Jahre

«Zu meiner Zeit gab es Bilder, die unbekleidete Frauen zeigten. Aber noch nie hatte ich Aufnahmen von einem Mann und einer Frau während des Geschlechtsverkehrs gesehen. (…) Ich glaubte, dass diese Zeitschriften, und später auch die Videokassetten, mir helfen könnten, die sexuelle Leistungsfähigkeit wiederzufinden, die langsam nachliess. Was ich mir selbst und meiner Frau dadurch antat, war mir nicht bewusst. Die Diskrepanz zwischen diesen fiktiven Szenen und meinem realen Leben war fast unerträglich. (…) Mir wurde klar, dass die Pornografie mir langsam Potenzstörungen bereitete, da sie eine Mauer zwischen mir und meiner Frau aufgebaut hatte. Ich war gerade dabei, die letzten Jahre meiner Ehe zu zerstören …» Angelo, 61 Jahre

Diese Zeugnisse brauchen keinen weiteren Kommentar. Sie sind sehr deutlich und gewähren uns einen Einblick in eine Welt, wo der Mensch nur als ein reines Lust- und Gewinnobjekt betrachtet wird. *Das ist das wahre Gesicht der Pornografie!*

Die Auswirkungen der Pornografie

«Ich tue ja keinem etwas zu Leid!» Oft sind wir davon überzeugt, dass das, was wir privat so treiben, keine direkte Auswirkung auf andere hat, und wir fühlen uns deshalb frei von jeglicher moralischer Verantwortung. Das pornografische Material wird nämlich vorwiegend heimlich benutzt. Und dabei merken wir nicht, dass wir diejenigen sind, denen dadurch Schaden zugefügt wird. Die Pornografie kann auf die menschliche Psyche vernichtende Auswirkungen haben. Viele junge Menschen bekennen ihre totale Abhängigkeit von den pornografischen Bildern, und von Herzen verfluchen sie den Tag, an dem sie sich ihre erste Zeitschrift gekauft haben. Andere berichten, dass sie lediglich für eine begrenzte Zeit ihres Lebens davon Gebrauch gemacht haben, und die Macht dieser Bilder habe sie nicht versklavt.

Nicht alle Menschen reagieren auf sexuelle Reize in der gleichen Art und Weise. Deswegen dürfen wir die Auswirkungen auch nicht zu pauschal verallgemeinern. Reize werden von jedem Menschen unterschiedlich wahrgenommen und verarbeitet. Die Auswirkungen der Pornografie, die in diesem Kapitel aufgezeigt sind, müssen deshalb individuell betrachtet werden. Diejenigen, die davon dauerhaft betroffen sind, stellen aber leider die überwiegende Mehrheit dar.

Hier einige der verheerenden Folgen der Pornografie:
- *Pornografie macht abhängig.* Es ist nicht übertrieben, die Pornografie mit dem Drogenkonsum zu vergleichen. Wenn ein Mensch anfängt, solch hartes Zeug zu benutzen, gerät er in eine Spirale psychischer Abhängigkeit,

ohne dies bewusst zu realisieren. Wieso eigentlich? Wir müssen die Dynamik verstehen, welche die Abhängigkeit auslöst.

Zuerst entsteht das Verlangen nach Befriedigung eines sexuellen Wunsches (A), der durch einen übermässigen, mit Hilfe von pornografischen Bildern hervorgerufenen visuellen Erregungszustand erfüllt wird. Die Bilder aber reizen die Wollust (Libido) noch mehr (B) und die Masturbation (Selbstbefriedigung), die diese Überladung an sexuellem Verlangen ausgleichen sollte, wird das unverzichtbare Mittel (C), um wieder ins Gleichgewicht zu gelangen (D). Weil man so leicht pornografisches Material bekommt, hat jeder die Möglichkeit, unzählige Male seine geheimen sexuellen Vorstellungen auszuleben. Die autoerotische sexuelle Befriedigung (Masturbation) mit Hilfe von expliziten Bildern stellt den einfachsten Weg dar, um sicher und schnell ans Ziel zu gelangen. Sie garantiert immer eine prompte Erfüllung, benötigt weder die Mitwirkung vom Partner noch die Verantwortung einer Liebesbeziehung. Die Erfüllung ist garantiert, griffbereit und erübrigt das Bemühen und die Anstrengung, die nötig wären, um eine gute zwischenmenschliche Beziehung aufzubauen. Somit entsteht ein bestimmtes Denkmuster, das die Gedanken immer in die gleiche Richtung lenkt. Die Wiederholung dieses Musters stärkt es und setzt gleichzeitig die Voraussetzung für die Abhängigkeit.

Mit anderen Worten ausgedrückt, wenn A (d. h. das Verlangen nach sexuellem Vergnügen) der Ausgangspunkt darstellt, kennt der von der Pornografie abhängige Mensch nur einen Weg, um auf D (d. h. die Befriedigung dieses Verlangens) zu gelangen: B und C, d. h. die zusätzliche Reizung durch pornografisches Material und die Befriedigung durch die autoerotische Handlung. Solange er sich seiner Zeitschriften und Videokassetten bedienen kann, fühlt er sich zufrieden – sie werden dann für ihn (oder für sie) zu einem besonderen Mittel, um sich ganz allein einen Augenblick des Vergnügens zu gönnen.

Doch nach einer gewissen Zeit merkt er, dass ihm die üblichen Zeitschriften und die bekannten Filme nicht mehr reichen: Er braucht neue Reize, neue Bilder, neue Idole, um seine kranke Wollust zu stillen. Und so wagt er sich an immer härteres Material heran ... und da steht die pornografische Industrie bereit, sie wartet schon auf ihn und erfüllt ihm prompt jede Laune. Sie hat ihn endlich fest in ihrem Griff!

■ *Pornografie verändert die normalen Denkmuster der sexuellen Entwicklung auf Kosten des liebevollen und natürlichen Ausdrucks der Sexualität.* Im Laufe seines Wachstumsprozesses macht ein Mensch verschiedene Phasen seiner geistigen, körperlichen und sexuellen Entwicklung durch. Es kann manchmal passieren, dass Teenager sich während dieser Zeit von Personen des gleichen Geschlechts angezogen fühlen, doch dies muss nicht zwangsläufig zum Problem und zur Unzucht führen. Man sollte deshalb nicht sofort homosexuelle Neigungen vermuten. Es ist die Zeit der Vorbereitung, um mit einer klar definierten, persönlichen Identität erwachsen zu werden.

Ist diese Zeit überwunden, die je nachdem unterschiedlich lang sein kann, erreicht man die sexuelle Reife, und der Mensch fühlt sich vom anderen Geschlecht angezogen. Nun werden gute, liebevolle zwischenmenschliche Beziehungen aufgebaut. Das Thema Sex beginnt das Interesse zu wecken. Wenn der Mensch eine gesunde sexuelle Erziehung bekommen hat, die ihn nicht nur über die verschiedenen Techniken und die unterschiedlichen Verhütungsmittel aufgeklärt hat (bevorzugte Themen im schulischen Sexualkundeunterricht), sondern in der auch die anderen Aspekte der Sexualität (die emotionalen, ethischen und moralischen Aspekte) betont worden sind, dann sind auch die Voraussetzungen für eine zukünftige stabile eheliche Beziehung vorhanden.

Kommt aber während dieser Phase die Pornografie dazwischen, dann wird der Mensch mit Informationen und Reizen überschüttet, welche die psychologische Seite seiner sexuellen Entwicklung total entstellen: Er wird seine Sexualität vorwiegend auf eine übertriebene Genitalbetätigung reduzieren und lieber sein Streben nach egoistischer Lustbefriedigung pflegen ohne jegliche Moral und emotionale Beteiligung. Der natürliche emotionale Austausch kann in seinem späteren sexuellen Ausdruck leicht auf der Strecke bleiben, da alles nach dem berühmten Muster abläuft, so wie es Pornozeitschriften und Videos präsentieren.

- *Pornografie verherrlicht Darstellungen einer entstellten und perversen Sexualität.* Menschen brauchen Vorbilder, an denen sie sich orientieren können, um eine Reihe von Verhaltensmustern zu erlernen und sie in den verschiedenen Lebenssituationen umzusetzen. Im Sexualbereich stellt die Pornografie verkehrte und pervertierte Muster dar, die alle ethischen und moralischen Grenzen übertreten. Die Darstellungen bewirken im Betrachter, der sich diese immer wieder neu ansieht, ein Verlangen, das weitere Übertretungen nach und nach zulässt. So fängt das Streben nach jenen Gelegenheiten an, die das Umsetzen solcher Verhaltensmuster ermöglichen.
- *Pornografie verstärkt das Verlangen, das Gesehene auch einmal selbst auszuleben, egal, ob man dafür andere sexuell missbrauchen oder sogar Gewalt anwenden muss.* Pornografische Darstellungen fördern ein starkes sexuelles Verlangen, das man schliesslich auch befriedigen will, so wie man sie auf den Bildern oder Videos

gesehen hat. Weil dies aber im Alltag nicht immer möglich ist, wird der pornografieabhängige Mensch nun von seiner eigenen entstellten Gesinnung zu einem abnormen Sexualverhalten getrieben, das verschiedene Formen annehmen kann, angefangen von häufigen Besuchen bei Prostituierten bis hin zu Vergewaltigungen und allen möglichen Abstufungen des sexuellen Missbrauchs.

Wer in totaler Abhängigkeit[4] von der Pornografie lebt, der läuft Gefahr, gegebenenfalls gravierende sexuelle Perversionen zu entwickeln. Es gibt eine Art von sexueller Perversion, die sogar zum Mord führen kann, wie dies schon oft in den Medien berichtet wurde. Vor einigen Jahren gab ein zum Tode verurteilter Mann aus den USA kurz vor seiner Hinrichtung ein auf Video aufgenommenes Interview. Er hatte mehrere Frauen und Mädchen vergewaltigt und umgebracht. Er gab alle seine Verbrechen vor der Kamera zu und erkannte auch den grossen Einfluss, den die Pornografie schon in jungen Jahren auf ihn ausgeübt hatte, bis sie ihn schliesslich in einen sexbesessenen Mörder verwandelte.

Der Mann warnte eindringlich v. a. junge Menschen, von der scheinbar harmlosen Pornografie Gebrauch zu machen. Ein paar Wochen später wurde er auf dem elektrischen Stuhl hingerichtet.

Die Zwangshandlung eines abnormen Verlangens kann durch das Ausüben von Misshandlungen und Gewalttaten gegenüber schwächeren Opfern (z. B. in der Pädophilie) befriedigt werden.

■ *Pornografie präsentiert ein verzerrtes Bild der weiblichen Sexualität.* In der Pornografie wird die Frau gewöhnlich als Lustobjekt dargestellt. Die Frauen in den Zeitschriften und in den Videos sind immer sexgierig und vor allem immer sofort willig. Man könnte leicht den Eindruck gewinnen, dass sie sich in einem ständigen Erregungszustand befänden und nur darauf warteten, die erotische Phantasie jedes Mannes zu befriedigen. Sie werden wie «Sexmaschinen» dargestellt, die immer bereit sind, die verbotenen Träume der Männer zu verwirklichen.

Die weibliche Sexualität ist jedoch eine völlig andere. Deshalb werden die Erwartungen eines pornografiesüchtigen Mannes von seiner Partnerin unweigerlich enttäuscht, denn die weibliche Sexualität ist auf keinen Fall so, wie sie in pornografischen Zeitschriften oder Videos präsentiert wird.

■ *Pornografie fördert die Entwicklung von aggressiven Gefühlen und aggressivem Verhalten.* In einer normalen Ehebeziehung gehören Sexualität, Zärtlichkeiten und gegenseitige Rücksichtnahme zwischen den Ehepartnern zusammen, wobei die Sexualität nicht von den anderen zwei Aspekten getrennt werden darf. Rotlichterotik bevorzugt dagegen die Macht des Mannes über die Frau. Dadurch werden aggressive Gefühle genährt und entsprechende Verhaltensmuster gefördert. Wer Pornografie konsumiert, ist nicht mehr in der Lage, die emotionalen Bedürfnisse des Partners wahrzunehmen, sondern ist nur noch darauf bedacht, jene sexuellen Vorgaben zu verwirklichen, mit denen er sich so intensiv beschäftigt hat. Die erotische Leidenschaft wird dann nicht mehr von der gegenseitigen Liebe geprägt. Stattdessen wird der Körper des Partners als Objekt zur Befriedigung der eigenen Begierde missbraucht. Wenn aber das Hauptziel nur auf die eigene sexuelle Erfüllung fokussiert wird, dann beeinträchtigt dies jede Liebesbeziehung, ja zerstört sie letztlich.

■ *Pornografie fördert die Produktion und die Verbreitung von immer perverserem Material, womit sich skrupellose Menschen auf Kosten von anderen bereichern.* Im Allgemeinen sind es eher Männer, die sich der Pornografie bedienen, weil sie auf «visuelle» Reize sexuell intensiver als Frauen reagieren. In den letzten Jahren aber steigt ihre Verbreitung auch unter Frauen. Die Pornografie findet eine immer grössere Anzahl von Abnehmern, verdirbt dadurch ein immer breiteres Publikum und muss eine enorme Bandbreite von unterschiedlichen Ansprüchen erfüllen, um die ständig steigenden Gewinne zu erhalten. Darum fördert sie die Produktion von immer abartigerem Material. Das Geld, das aus solchen Geschäften fliesst, klingelt in den Taschen der Sexgurus, d. h. der skrupellosen Menschen, welche den moralischen Ruin anderer gern in Kauf nehmen, um sich selbst zu bereichern, und deren Schwächen missbrauchen, um sie noch abhängiger zu machen.

■ *Pornografie legt den Grund für das Scheitern einer Ehe, weil die Sucht des Partners, seine perversen Vorstellungen und Wünsche jede Beziehung überstrapazieren.* Die visuell-bedingte Erregung wird in die Liebesbeziehung hineingeschleppt. Wer pornografieabhängig ist, der hat gerade wegen der oben genannten Gründe Schwierigkeiten, eine intakte Beziehung aufzubauen. Ein Mann mit solchen Problemen ist nicht mehr in der Lage, seine Frau als Mensch wahrzunehmen, weil sie für ihn lediglich ein potentielles Sexualobjekt ist. Wenn in einer Ehe solche Bindungen bestehen, dann ist es sehr schwer, davon sowohl emotional als auch körperlich nicht beeinflusst zu werden. Ein Ehemann, der sich regelmässig mit Pornografie beschäftigt, wird seiner Frau nach den Vorstellungen begegnen, die sich seinem Gehirn eingeprägt haben, und er wird von den Bildern bestimmt sein, die er ständig vor Augen hat. Viele Ehemänner geben zu, dass sie nicht mehr sexuell erregt werden, wenn sie vor dem ehelichen Geschlechtsverkehr kein Pornomaterial zur Hand haben. Das ist wirklich ein elender Zustand, der unterschiedliche seelische und moralische Schmerzen verursacht, sowohl bei Männern, wie auch bei Frauen.

Oft verbirgt der Ehemann seine Sucht vor seiner Frau und strebt dann im Ehebett nach eigener Erfüllung, indem er sich insgeheim seine erotischen Phantasien ins Gedächtnis ruft, ohne dass er sich davon etwas anmerken lässt. Dieser Umgang aber begünstigt die schleichende Entfremdung der beiden Ehepartner und bewirkt zusätzlich eine tiefe wechselseitige Unzufriedenheit, die in einer ernsten Ehekrise enden kann.

Es ist traurig, festzustellen, wie oft man sich fremde Verhaltensmuster aneignet, die eigentlich weder dem persönlichen noch dem natürlichen Liebesausdruck entsprechen. Es tut weh, die Zerstörung vieler Ehen mit ansehen zu müssen, in denen Ehebruch als Ausgleich dient, um jene Sexualität zu erleben, wie die Pornowelt sie darstellt[5]. Wenn wir die seelischen Auswirkungen der Pornografie auf die Menschen betrachten, dann können wir von einer regelrechten mentalen Sklaverei sprechen, die in der Lage ist, die moralischen Sitten einer ganzen Gesellschaft zu verändern und zu verderben.

Was kann man dagegen tun?

Auf sozialer Ebene ist schon viel unternommen worden, um die Verbreitung harten Materials zu begrenzen. Leider bleiben alle Bemühungen ohne Erfolg. Viele Unterschriften sind gesammelt worden und spurlos verschwunden. In letzter Zeit verstärken die Behörden ihren Einsatz im Kampf gegen die Pädophilie. Doch immer öfter scheint es so, als ob irgendjemand bestrebt wäre, die Ermittlungen eher zu behindern und versanden zu lassen ...

Das Bild ist alles andere als ermutigend – *aber es gibt Hoffnung für den Einzelnen!*

Das Herz des Menschen kann durch Christus verändert werden. Er hat die Macht, frei zu machen von allen Gebundenheiten, auch von der entwürdigenden Abhängigkeit der Pornografie.

Um davon frei zu werden, muss man drei verschiedene Aspekte berücksichtigen und entsprechend bewältigen. Es gilt
1. die Gründe zu erkennen, die einen dazu bewegen, sich der Pornografie zu bedienen;
2. die alten Denkmuster durch neue zu ersetzen;
3. die eigene Kraft und Energie in ein beständiges geistliches Wachstum zu investieren.

So kann man davon geheilt werden und muss nie wieder in den Sog der Abhängigkeit zurückfallen. Das ist ein langwieriger Lernprozess, der Zeit, fleissigen Einsatz und Leiden beinhaltet. Die ständige Hilfe des Herrn Jesus Christus aber wird ein neues Licht in den dunklen Ecken der verrohten Seelen erstrahlen lassen. Gottes Erlösung erreicht uns bis in die Tiefe unseres Wesens, wenn wir von all dem, was unsere Seele zerstört, wirklich befreit werden wollen.

Der therapeutische Wert der Schuldgefühle

In dem langwierigen Prozess der Heilung von der Pornografiesucht spielen Schuldgefühle eine entscheidende Rolle.

Über Schuldgefühle zu reden ist heute fast nicht mehr zulässig. Die moderne Gesellschaft hat recht gut gelernt, über die Moral hinwegzusehen. Der therapeutische Ansatz vieler humanistischer Psychotherapieschulen ist nämlich, Schuld zu verleugnen. Deshalb wird auch im sexuellen Bereich geraten, die eigenen Triebe und Begierden so zu betrachten, als seien sie der normale Ausdruck einer Sexualität, welche die verschiedenen Anwendungsmöglichkeiten des eigenen Körpers ausprobiert, um den maximalen Lustgewinn zu erreichen.

Genauso wird der homosexuelle Lebensstil bewertet. Doch die Bibel äussert sich diesbezüglich sehr klar: *«Gott hat den Menschen aufrichtig gemacht; sie aber suchten viele Künste»* (Prediger 7,29); siehe auch Römer 1,21–32.

Wenn wir Dinge tun, bei denen unser Gewissen uns anklagt, empfinden wir normalerweise Unbehagen. Wer behaupten will, dass dieses Unbehagen verschwindet, wenn man die Schuldgefühle unterdrückt, und sich damit eine neue emotionelle Freiheit verspricht, ist ein Narr! Schuldgefühle sind von Gott gegebene Alarmsignale, die er uns in seiner ewigen Weisheit ins Herz gelegt hat, und wir sollten ihm dafür danken, weil sie uns helfen, unserem Gewissen entsprechend zu handeln. Sie sind, sozusagen, die durch den Heiligen Geist bewirkte Überführung von Sünde (vgl. Johannes 16,8).

Unbehagen und Schuldgefühle, die ein junger Mensch empfindet, wenn er sich pornografischen Materials bedient, sind entscheidende Ausgangspunkte, um sich von dieser Sklaverei zu befreien. Es wäre fatal, sie zu unterdrücken! Schuldgefühle sind nur dann negativ, wenn sie unbegründet sind, doch in diesem Fall sind sie es nicht. Sie stellen den verzweifelten Aufruf unseres Gewissens dar, das uns vor der Gefahr warnt, diesen heimtückischen Irrweg einzuschlagen.

Leider kann unser Gewissen dermassen abgewürgt werden, dass wir seine Stimme nicht mehr wahrnehmen, wenn wir Dinge tun, die moralisch verwerflich sind. Nach der Überlieferung trank der König Mithridates, der in der Antike lebte, jeden Tag einen Tropfen Gift, um sich daran zu gewöhnen und dagegen immun zu werden. Genauso können auch wir unser Gewissen zum Schweigen bringen, wenn wir es nach und nach sündigen Reizen aussetzen. Wir fangen mit einer kleinen Übertretung an und versuchen, die Folgen davon zu bagatellisieren. Dann gewöhnen wir uns langsam daran, immer grössere Übertretungen zu wagen, bis wir das moralische Empfinden völlig verloren haben. Dieser Prozess wird von unserer verdorbenen Natur beschleunigt, und es ist viel leichter, in den Treibsand der Sünde zu geraten, wenn wir nicht auf das warnende Reden des Geistes Gottes hören.

Die Pornografie ist ein unglaublich wirksames Mittel, um unser Gewissen zu betäuben und uns das moralische Empfinden zu rauben. Wie wir schon im letzten Kapitel gesehen haben, ist sie längst nicht so harmlos, wie man denkt. Darum lohnt es sich, noch ein paar Worte über den therapeutischen Wert der Schuldgefühle zu verlieren.

Wie schon erwähnt, neigen einige moderne Psychologieschulen dazu, jegliche Schuldgefühle zu verdrängen, um damit gewisse Verhaltensblockaden zu überwinden. Von dieser Perspektive aus betrachtet kann man verstehen, wie stark sich manche Leute gerade an der entgegengesetzten Theorie stören, Schuldgefühle würden einen enormen therapeutischen Wert besitzen, um das moralische Empfinden aufrechtzuerhalten.

Haben wir uns schon einmal gefragt, warum die Menschen sich schämen, wenn es ans Tageslicht kommt, dass sie Pornografie konsumieren? Warum wird es jemandem unbehaglich zumute, wenn über seine Selbstbefriedigung gesprochen wird? Warum sind wir so bestrebt, unsere eigenen Laster verborgen zu halten? Die Antwort ist leicht: Wir fühlen uns schuldig, weil wir sehr wohl wissen, dass unsere Taten falsch sind.

Schuldgefühle sind eine Form von Prävention, wenn sie hemmend wirken, d. h. wenn wir uns aus Angst vor den Folgen zweimal überlegen, bevor wir etwas tun. Sie sind aber auch Therapie, wenn sie uns dazu bewegen, das Böse, das wir getan haben, wieder gutzumachen. Damit werden wir vom emotionalen Druck befreit, der wegen unserer Missetaten entstanden ist.

Wenn es zur Heilung von der Pornografie kommen soll, sind also die Schuldgefühle der Ausgangspunkt dieses Befreiungsprozesses. Dies mag zwar für die moderne Psychologie schwer nachvollziehbar sein, dennoch ist es gut und positiv, die Last der Vergehen zu spüren und endlich zu begreifen, dass man inzwischen pornosüchtig geworden ist. Die tiefe Demütigung, die zur Busse führt, muss erfahren werden. Die Scham hilft, die Kurve zu kriegen, die notwendige Hilfe zu suchen und endgültig aus der Sucht herauszukommen. Wir sollten nicht der Illusion erliegen, unsere Taten mit fadenscheinigen psychologischen Argumenten rechtfertigen zu können. Sünde muss als solche bekannt werden!

Gründe, die zum Pornokonsum führen können

Man kann aus verschiedenen Gründen in eine Falle geraten. Selten ist es nur ein einziger Grund, der jemanden in die verführerischen Arme der Rotlichterotik treibt, meistens spielen mehrere Faktoren eine Rolle: momentane Verfassung und äussere Umstände, vor allem aber der persönliche, geistliche Zustand.

Man muss sich fragen, wie stark ein bestimmter Aspekt die Entscheidung beeinflusst hat, von gewissem Material Gebrauch zu machen, sowohl beim allerersten Mal als auch in den darauf folgenden Jahren. Es kann passieren, dass man sich an gewissen Tagen stärker fühlt und der Versuchung besser widerstehen kann. Doch es gibt auch Tage, an denen man fällt und sich wie ein Narr wieder im Netz verstrickt. Wer pornografiesüchtig ist und davon frei werden möchte, mag sich – mit Einsatz seiner Willenskraft – noch so stark bemühen, lange Zeit alle seine Zeitschriften gut abgeschlossen in einer Schublade zu bewahren. Irgendwann aber wird sein Verlangen ihn überwältigen und dann wird es schwer, sich zu beherrschen. Die Versuchung nimmt immer grössere Ausmasse an, wie eine steigende Woge, die ihn fast ertrinken lässt. Er fängt an, die Last seiner unbezwingbaren Begierde zu spüren. Sein Körper kann sogar regelrechte «Entzugserscheinungen» durchmachen, die seine Gedanken wiederum nur noch um die eine fixe Idee drehen lassen: Die Schublade schnell wieder öffnen! Dies bedeutet, dass man von der Sucht noch nicht vollständig befreit ist und der eigene Wille nicht ausreicht.

In solchen Momente kann der Feind unserer Seelen – der Teufel – den Betroffenen leicht täuschen und ihn davon überzeugen, dass er es niemals schaffen wird, davon freizukommen. Er lügt und redet ihm ein, lebenslänglich in der Falle zu sitzen. Gerade dann, wenn wir stärker sein sollten, um seinen Angriffen zu widerstehen, fühlen wir uns aber niedergeschlagen und schwach wie noch nie zuvor. Gib nicht nach!

Du solltest keine Rechtfertigung suchen, um die Verantwortung für deine Taten irgendwie zu schmälern. Du solltest stattdessen ernsthaft überlegen, welche Gründe zu diesem neuen Rückfall geführt haben.

Doch noch bevor du dich daran machst, sie zu analysieren, musst du deine Schwachstelle erkennen, die im Laufe der Zeit der Sucht den Weg gebahnt hat. Unter den häufigsten Gründen sind hier einige mögliche Faktoren erwähnt, die zum Konsum von pornografischem Material führen können.

1. Die Sünde. Die Bibel sagt, dass jeder Mensch schon von Geburt her von der Sünde verdorben ist, «*... denn alle haben gesündigt und erlangen nicht die Herrlichkeit Gottes»* (Römer 3,23). Die Sünde ist das teuflische Zeichen unserer gefallenen Natur wegen des Ungehorsam Adams und Evas. Darum stehen wir unter Gottes Gericht, solange wir nicht Busse tun und im Glauben das Werk Jesu Christi am Kreuz annehmen. Wenn wir umkehren und Gott um Vergebung bitten, dann wird die Sünde getilgt, die Strafe aufgehoben, und wir sind Teilhaber von Gottes rettender Gnade. Dies heisst aber nicht, dass wir von nun an automatisch nicht mehr sündigen können. Unsere geistliche Lage vor Gott ändert sich zwar schlagartig mit der Bekehrung, und trotzdem ist aber noch viel Arbeit erforderlich, um unsere Gedanken von den Folgen der Sünde zu reinigen. Gerade in manch offener Wunde der Seele kann sich der Keim der Lust wieder einnisten. Wenn wir keine tiefe und ausdauernde Gemeinschaft mit dem Herrn pflegen, neigen wir von Natur aus dazu, das Böse zu tun. Der Drang, der verlockenden Lust des Fleisches nachzugeben, wird übermächtig.

2. *Die Einsamkeit.* Eines der grössten Bedürfnisse des Menschen ist der Wunsch nach Gemeinschaft. Einsamkeit belegt nicht nur bei Jugendlichen einen der ersten Plätze in der Auflistung der Ängste. Manche fürchten sich davor mehr noch als vor dem Tod.

In solchen Fällen scheint die Pornografie eine schwache Abhilfe zu schaffen. In einer fiktiven Welt, wo intensive Reize die Phantasie erregen, kann der einsame Mensch der Einsamkeit entfliehen. Er identifiziert sich mit den Darstellern, die sich mit ihren sexuellen Handlungen beschäftigen, und findet dabei kurzfristig einen schwachen psychologischen Trost.

Abgesehen davon, dass die Pornografie ein perverser sexueller Ersatz ist, stellt sie auf keinen Fall die richtige Antwort auf die Einsamkeit dar, weil sie die Suche nach einem Ausweg verhindert. Es ist viel leichter, sich mit einer Frau aus Papier zu beschäftigen, als mit einer aus Fleisch und Blut umzugehen, die in erster Linie ein Mensch ist.

Die Pornografie kann somit ein Ersatz für viele zwischenmenschliche Beziehungen werden, die man lieber vermeiden möchte. Frauen aus Papier stehen immer zur Verfügung, sie reden nicht, sie haben keine Ansprüche, sie widersprechen nicht und sie erwarten keine emotionale Beteiligung. Der Pornokonsum kann manchmal auch auf eine Persönlichkeitsstörung im Umgang mit anderen hinweisen. Man kann sich bedienen, ohne gesehen oder gleich zur Verantwortung gezogen zu werden.

Es gibt auch einen anderen Punkt zu berücksichtigen. Menschen, die sich in einer besonderen Lebenssituation befinden, wo sie keine Liebe erfahren (z. B. im Gefängnis oder im Internat), ersetzen oft die fehlende Person, mit der sie eine normale emotionale und körperliche Beziehung haben könnten, durch pornografische Bilder.

Vor Jahren habe ich in einem Gefängnis unterrichtet. Der Unterricht fand in einem geschlossenen kleinen Raum mit eiserner Tür und verriegeltem Fenster statt. Die ersten Tage blieb der Gefängnisaufseher mit mir und meinen fünfzehn Schülern im Zimmer. Danach meinte er, dass ich keiner Gefahr ausgesetzt sei, und schloss mich mit ihnen zusammen in dem winzigen Raum ein. Er versicherte mir, er würde einsatzbereit ganz in der Nähe bleiben.

Einige Wochen später, nachdem die Häftlinge – im Alter zwischen zwanzig und fünfzig – ihr verständliches Misstrauen überwunden hatten, fingen sie an, sich zu öffnen und mir ihre Frustrationen anzuvertrauen. Und sie baten mich auch, ihnen pornografische Zeitschriften zu besorgen. Diese Bitte überraschte mich nicht, aber ich war erstaunt darüber, dass sie fast flehend danach verlangten. Diese Hefte waren für sie ein Mittel, um mit der inneren Not ihres Liebesentzugs fertig zu werden. Ich lehnte es nicht nur wegen der Gefängnisordnung ab, die mir lediglich das Unterrichtsmaterial für meine Arbeit gestattete (alles wurde streng kontrolliert), sondern auch wegen meiner Überzeugung und meines Glaubens, die ich den Häftlingen gerade in dem Zusammenhang erläutern konnte.

3. Der Liebesmangel. Der Mangel an Liebe in der Kindheit und in der Pubertät braucht oft einen Ausgleich. Wenn die Bedürfnisse eines Kindes nach Liebe und Anerkennung nie richtig erfüllt worden sind, wird es dazu neigen, diesen Mangel irgendwie auszugleichen, zum Beispiel durch Aggressionen, Angstzustände, geringes Selbstwertgefühl, Wahnvorstellungen, usw.

Sylvia, das Mädchen, erwähnt in dem Kapitel «Geschichte von Sucht und Abhängigkeit», ist in einer Familie gross geworden, die von emotionaler Kälte geprägt war, und hat unter dem Liebesmangel ihrer Eltern stark gelitten. In der Pubertät geriet sie in die Falle der Pornografie. In ihrem Bericht bezeugte sie, dass sie sich vorwiegend von den scheinbaren Glücks- und Lustgefühlen der in den Zeitschriften dargestellten Liebespaare angezogen fühlte. In ihrer Vorstellung drückten sie das aus, was sie selbst noch nie bekommen hatte: die Freude an der Liebe. Als Frau war Sylvia eher vom emotionalen Ausdruck vermeintlicher Liebe angetan, und deshalb war die emotionale Erfüllung für sie wichtiger als die körperliche Befriedigung. Ein Trostpflaster für ihren Liebesmangel fand sie in der Betrachtung der Bilder, auf denen die Darsteller glücklich und erfüllt wirkten.

Doch dies entpuppte sich als ständige Täuschung, weil sie durch den regelmässigen Pornokonsum in einen Teufelskreis geriet. Auf der einen Seite verknüpfte sie das emotionelle Wohlbefinden mit dem Sex, auf der anderen Seite aber empfand sie eine zunehmende Leere, weil es offensichtlich nicht die richtige Art und Weise war, mit ihrem Problem umzugehen. Zum Glück fing Sylvia an, sich davor zu ekeln, und dies wurde zum Alarmsignal für ihre emotionale und geistliche Stabilität. Hätte sie dieses Warnsignal nicht ernst genommen, wäre sie später im Erwachsenenalter Gefahr gelaufen, immer wieder Sex mit Liebe zu verwechseln und den Geschlechtsakt als den einzigen Ausdruck der Verbundenheit zu betrachten. Ihr wahrer Liebesbedarf wäre aber dadurch nie erfüllt worden.

4. Als Ventil gegen Spannungen. Am Arbeitsplatz, in der Schule oder in der Familie gibt es manchmal Situationen, in denen jeder Mensch starke Spannungen aushalten muss. Dies ist eigentlich ganz normal. Einige Menschen gehen damit sehr konstruktiv um, andere dagegen lassen sich davon völlig unterkriegen. Ein gefährlicher Irrglaube ist die Illusion, die innere Spannung und das emotionale Unbehagen durch schnell wirkende Mittel wie Alkohol oder Drogen zu lockern. Zu diesen Mitteln gehört auch die Pornografie. Genau wie ein Alkoholabhängiger oder ein Drogensüchtiger glaubt auch der Mensch, der von ihr Gebrauch macht, damit seine lästigen Probleme loszuwerden, und merkt dabei nicht, dass er stattdessen in eine immer grössere Abhängigkeit gerät. Da auch die Pornografie süchtig macht, wird er im Laufe der Zeit immer stärkere Reize benötigen, um genauso intensiv empfinden zu können wie die ersten Male.

Die Pornografie täuscht ihren Sklaven eine falsche Freiheit vor! Der Versuch, dadurch den eigenen Problemen zu entkommen, zeigt irgendwann sein wahres Gesicht: Es ist eine Schlinge, die nur neue Spannungen hervorbringt.

5. Die Neugier. Ein anderer Grund, der zum Konsum von pornografischem Material treiben kann, ist zweifelsohne die Neugier. Sie war es, die bei Ludwig[6] den Stein ins Rollen gebracht hat und ihn dazu veranlasste, nach den intimen Geheimnissen anderer spähen zu wollen, in der naiven Vorstellung, das Verborgene zu enthüllen und die «Techniken» zu erlernen, um die eigene Sexualität besser gestalten zu können. Leider hatte Ludwig seine Abhängigkeit zu spät erkannt. Er konnte sich kurzfristig beherrschen, bis sein Verlangen ihn wieder übermannte. Seine

Abhängigkeit war ähnlich der eines Drogensüchtigen. Er erfuhr am eigenen Leib, dass man Neugier manchmal sehr teuer bezahlen muss. Seine Gedankenwelt war verdorben, und sein Denkmuster lief immer in der gleichen Reihenfolge ab:
a) Das Verlangen bringt den Stein ins Rollen;
b) die Erinnerung an die Bilder verstärkt das Verlangen und lässt die Gedanken mehr und mehr darum kreisen;
c) die schnelle Befriedigung der Begierde wird zum Hauptmotiv seiner Taten;
d) der einfachste Weg zur Befriedigung ist der Konsum von pornografischem Material.

Ludwigs Gedanken waren in diesem Teufelskreis gefangen, den nur eine tief greifende geistliche Erneuerung der Gesinnung zu durchbrechen vermochte.

6. Der Gruppendruck. Die visuellen und sinnlichen Reize, womit die Jugendlichen sich heutzutage auseinander setzen müssen, sind ohne Zweifel intensiver als je zuvor. Der Verlust der Werte in unserer Gesellschaft hat auch das Wissen um richtig und falsch ausgeschaltet. Das, was bis vor kurzem als «böse» bezeichnet wurde, ist heute geduldet und wird morgen als völlig normal definiert. In einer laschen Gesellschaft, in der die Normen der Moral immer mehr verblassen und die Grenzen sich aufweichen und schliesslich verschwinden, ist es schwer, seine Gedanken rein zu halten. Der Druck, der die Menschen zur Sünde bewegt, wächst von Tag zu Tag, und die Pornografie ist ein sehr wirksames Mittel. Diejenigen unter den Jugendlichen, die sich von einem gewissen Gedankengut oder von bestimmten Gesprächen und Darstellungen fern halten wollen, werden schnell verspottet und verlästert. Doch der Herr sagt:

«Wehe denen, die das Böse gut nennen und das Gute böse; die Finsternis zu Licht machen und Licht zu Finsternis; die Bitteres zu Süssem machen und Süsses zu Bitterem!» (Jesaja 5,20).

7. *Die Illusion, neue Reize könnten das nachlassende sexuelle Verlangen ausgleichen.* Aus diesem Grund hatte der einundsechzigjährige Angelo angefangen, Pornos zu konsumieren (siehe Kapitel «Geschichte von Sucht und Abhängigkeit»).

Es kann vorkommen, dass das sexuelle Verlangen eines Paares mit zunehmendem Alter und nach vielen Ehejahren nachlässt. Dies kann auf der einen Seite ein altersbedingter, durchaus normaler Zustand sein, dem zum Teil auch die wegen langjähriger Routine geminderte Leidenschaft in der körperlichen Beziehung zugrunde liegt. Auf der anderen Seite könnte es aber ein Signal sein, das auf die emotionelle Beziehung des Ehepaares hindeutet. Es wäre sinnvoll, nach den wahren Ursachen zu forschen.

Nichtsdestotrotz ist der Glaube daran, dass die Pornografie tatsächlich helfen könnte, die eingeschlafenen Triebe wieder zu wecken, lediglich Selbstbetrug. Warum? Die Begründung ist klar. Die sexuelle Intimität ist oft ein Thermometer, das den Gesundheitszustand einer Ehe misst. Es ist nicht vorwiegend die Beherrschung sexueller Techniken, die beide Partner gleich beglückt, sondern eher das harmonische Vorhandensein mehrerer Elemente: Liebe, Anerkennung, Fürsorge, Leidenschaft, Selbstlosigkeit, Vertrauen, Aufmerksamkeit, spielerisches und kumpelhaftes Miteinander, Verlangen nach dem anderen, Lust. All dies wird im Laufe der Zeit aufgebaut und führt zu einer ständigen Zunahme der Intimität, die in erster Linie emotional ist. Der Ehemann und die Ehefrau lernen ihre gegenseitigen Wünsche kennen und verpflichten sich, sie in Liebe und mit Rücksicht auf die Würde des anderen zu erfüllen. Das sexuelle Verlangen muss innerhalb ihrer exklusiven Ehebeziehung entstehen. Beide Eheleute müssen deswegen den erotisch-emotionalen Elan im geschützten Bereich ihrer Beziehung aufrechterhalten. Wenn Gottes Wort sagt: «*Die Ehe sei ehrbar in allem und das Ehebett unbefleckt; denn Unzüchtige und Ehebrecher wird Gott richten*» (Hebräer 13,4), dann bezieht sich dies auch auf den Ehebruch und die Untreue, die schon in den Gedanken stattfinden, wenn man sich pornografisches Material anschaut. In solchen Fällen wird nämlich das Verlangen des Ehemannes anstatt von seiner eigenen Ehefrau von fremden Frauen ausgelöst. Er wird dann auch während des Geschlechtsverkehrs mit seiner Frau immer noch von jenen Bildern berauscht. Das ist mentaler Ehebruch! Jesus erinnert daran, «*... dass jeder, der eine Frau ansieht, sie zu begehren, schon Ehebruch mit ihr begangen hat in seinem Herzen*» (Matthäus 5,28).

Sowohl unter dem geistlichen als auch unter dem psychologischen Gesichtspunkt ist das Ansehen von erotischen Bildern, welche die eigene Phantasie vor dem Beischlaf mit dem Ehegatten erregen sollen, absolut verwerflich. Das erotisch-emotionale Verhältnis zwischen Eheleuten ist in manchen Situationen der Auslöser, der zum gegenseitigen Begehren und zur darauf folgenden körperlichen Vereinigung führt. Die sexuelle Handlung bezieht die Gefühle (die Gedanken) und den Körper mit ein. Beide Ehepartner erleben die grösste Erfüllung, wenn sowohl Seele als auch Körper in dem des anderen vollkommen verschmolzen sind, d. h. wenn ihre Leidenschaft von gegenseitiger Liebe und Selbsthingabe genährt wird.

Wenn aber ausserehelich Elemente dieses Verlangen bewirken, dann wird es auf Dauer schwer, es in Bezug auf die eigene Ehefrau zu bewahren (oder in Bezug auf den eigenen Partner). Solche Elemente verursachen nämlich einen emotionalen Bruch, denn der Reiz, der die Erregung ausgelöst hat (sprich ein bestimmtes Bild), und die Person, mit der man gerade schläft, haben miteinander nichts zu tun. Oft wird auch noch zwischen den «perfekten», «erfahrenen» und «heissen» Frauen der Pornozeitschriften und der eigenen Ehefrau verglichen, welche vielleicht einen schlechten Tag hinter sich hat und deswegen alles andere als eine betörende Liebhaberin ist. In diesem Fall findet das Ehepaar nicht wirklich zusammen, da der Mann sich die gesehenen Bilder ständig ins Gedächtnis ruft, um seinen Erregungszustand während des Beischlafes zu erhalten. Dies braucht eine enorme psychische Anstrengung, die früher oder später eine der meistgefürchteten männlichen Störungen verursachen kann: Impotenz. Laut Statistik sind die Ursachen dafür viel häufiger psychischer als funktioneller Natur.

Am Ende stellen die Betroffenen enttäuscht fest, dass die Pornografie nichts bringt, um der abnehmenden sexuellen Leistungsfähigkeit entgegenzuwirken, sondern im Gegenteil nur noch grössere Probleme verursacht.

8. Weil man Spass daran hat. Abgesehen von den bisher aufgeführten Gründen gibt es viele Menschen, die pornografisches Material aus Spass benutzen. Der verdorbene menschliche Geist verliert sich im Sog seiner Begierde und strebt immer wieder nach Erfüllung eines Verlangens, das doch nicht gestillt werden kann. *«Das Auge wird nicht satt zu sehen und das Ohr nicht voll vom Hören … Alle Mühen des Menschen ist für seinen Mund, und doch wird seine Begierde nicht gestillt»* (Prediger 1,8 und 6,7).

Die Sucht nach Vergnügen in seinen vielfältigen Ausdrucksmöglichkeiten ist eine der stärksten treibenden Kräfte, die den Menschen dazu bewegt, Geld und Energie aufzuwenden, um das zu erreichen, was er vergeblich sucht.

Der Weg der Befreiung

Da die Pornosucht deinen Verstand benebelt und beherrscht, kannst du die notwendige Kraft zur Heilung nicht in dir selbst finden. Weder ich noch der beste Psychotherapeut können dir letztlich helfen. Deine Denkmuster sind von der Sünde geprägt und reichen nicht aus, um alleine eine «Entziehungskur» durchzuführen. Nur der, der deinen Verstand gemacht hat, kann erfolgreich und gründlich eingreifen. Nur der, der dich bedingungslos und vollkommen liebt, kann dir entsprechend eine vollkommene Therapie garantieren, deren einziges Ziel die Befreiung von deinen Ketten ist. Nur der, der den Preis deiner Erlösung bezahlt hat, kann dir den Sieg schenken: *Jesus Christus allein!*

Die humanistische Psychotherapie macht sich über einen geistlichen Umgang mit psychologischen Problemen lustig. Dies liegt zum grossen Teil daran, dass die unterschiedlichen Schulen und die verschiedenen Einrichtungen (mehr als 1200!) einen gemeinsamen Nenner haben: der Glaube an das angeborene Gute im Menschen. Unter diesem Blickwinkel wäre der Mensch ursprünglich gut, würde aber von Aussenfaktoren «verdorben». Darum trage er letztendlich auch keine Verantwortung für seine eventuelle innere Verkommenheit. Die Bibel beschreibt aber genau das Gegenteil, und weil ich aus Erfahrung weiss, dass die Richtlinien, die Gottes Wort enthält, bei weitem wirksamer sind als jede menschliche Psychologieschule, schlage ich in diesem letzten Kapitel eine Reihe geistlicher Hilfestellungen vor, um von der Pornografie loszukommen[7].

Die Therapie besteht aus 12 Punkten. Diese Schritte sind in zwei Handlungsbereiche unterteilt, die sich auf zwei verschiedene Aspekte des Problems beziehen:

A) die Entwicklung klarer geistlicher Überzeugungen, ohne die man nicht einmal erwarten kann, aus der mentalen Sklaverei herauszukommen;
B) einige nützliche praktische Tipps, welche die eigenen Überzeugungen verstärken und eine tatkräftige Hilfe während des Heilungsprozesses geben.

Diese zwei Handlungsbereiche sind nicht nacheinander auszuführen, d. h. man sollte nicht zuerst alle Punkte des ersten Teils absolvieren, ehe man sich mit dem zweiten befasst. Sie müssen *gleichzeitig* ausgeführt werden, weil sie sich gegenseitig ergänzen. Die Reihenfolge, in der sie behandelt werden, ist nicht zwingend, weil sie sich überschneiden und sich gegenseitig verstärken können.

Wenn du mit der Pornografie Probleme hast und durch diese Hilfestellungen den grösstmöglichen Gewinn erzielen willst, betrachte jeden Punkt sorgfältig. Lass Gottes Geist dein Herz erforschen und dich langsam zur inneren Freiheit führen. Sei beharrlich im Gebet und verlass dich vertrauensvoll darauf, dass deine Bemühungen vom Heiligen Geist unterstützt und gestärkt werden. *Du bist nicht allein in deinem Kampf!*

Wenn du mit Pornografie keine Probleme hast, aber jemanden kennst, der damit Schwierigkeiten hat, und du ihm helfen möchtest und auch kannst, dann beschäftige dich mit diesen Punkten, um eine Vorstellung zu erhalten, was du ihm überhaupt raten sollst. Seelsorge ist eine klare Berufung Gottes, um mit den Fähigkeiten und dem Feingefühl, die Gott selbst denjenigen schenkt, die er für diesen Dienst bestimmt hat, in der Gemeinde zu wirken. Darum handle nicht oberflächlich und leichtsinnig. Mag dein Ziel auch noch so edel sein, könnten ein unbedachtes Vorgehen und ein voreiliger Ratschlag dennoch grossen Schaden anrichten. «*Da ist ein Schwätzer, dessen Worte sind Schwertstiche; aber die Zunge der Weisen ist Heilung»* (Sprüche 12,18).

Die folgenden Hinweise beabsichtigen nicht, die Handlungsmöglichkeiten allein auf diese zwölf Punkte zu beschränken. Sie sind allgemeine Ratschläge, die insbesondere in bestimmten Fällen[8] zusätzlich erweitert werden können. Sie stellen einen wichtigen Ausgangspunkt dar, um von dieser Sucht frei zu werden.

Der Erfolg einer geistlichen Therapie hängt zum grossen Teil von der Einstellung und dem Willen desjenigen ab, der sich ihr unterzieht.

Machen wir uns also mit Zuversicht auf den Weg der wahren Freiheit in Christus.

A) Klare geistliche Überzeugungen entwickeln

1. Erkennen, dass kein Mensch gegen die Versuchung immun ist

Jeder Mensch kann von der Pornografie in unterschiedlichem Mass beeinflusst werden. Es gibt Menschen, die nur ab und zu in einer Zeitschrift blättern, und andere, die sich zwei- oder dreimal im Jahr ein Video ansehen. Manche surfen nur gelegentlich im Internet durch die Pornoseiten. Aber es gibt leider Menschen, die jeden Tag gegen die Zwänge eines Verlangens kämpfen müssen, das sie nicht mehr zügeln können. Diese Situationen unterscheiden sich zwar deutlich, aber keiner sollte den Fehler machen und behaupten: «Ich gehöre zu denen, die sich unter Kontrolle haben!» Die Gefahr, dass auch der gelegentliche Gebrauch zur regelrechten Sucht führen kann, lauert ständig. *«Kann man Feuer wohl tragen in seinem Gewandbausch, ohne dass einem die Kleider verbrennen? Oder kann jemand wohl schreiten auf glühenden Kohlen, ohne dass er sich die Füsse versengt?»* (Sprüche 6,27–28). Darum sollte man dem Straucheln vorbeugen, indem man Gedankenzucht übt. Eine allzu grosse Selbstsicherheit kann zum gefährlichen Verhängnis werden. Vor einiger Zeit las ich von einem Pastor, der in einer Stadt der USA in einem berüchtigten Rotlichtviertel unter Prostituierten missionarisch tätig war. Er beabsichtigte, diese Frauen durch das Evangelium Jesu Christi zurückzugewinnen. Um seinen Dienst noch effektiver ausüben zu können, zog er in jenes Viertel um. Das Ziel seiner missionarischen Tätigkeit war zwar lobenswert, aber er hatte leider die Rechnung ohne die Schwachheit seines eigenen Fleisches gemacht. Innerhalb kurzer Zeit geriet er selbst in die Falle jener Sünden, die er bekämpfen wollte.

Ich will mir kein Urteil erlauben, weil wir alle schwach und sündig sind. Doch möchte ich lediglich denen, die sich stark fühlen, ans Herz legen, sich nicht zu überschätzen. Der Apostel Paulus erteilt uns eine grossartige geistliche Lehre, wenn er folgendes bekennt: *«Denn ich weiss, dass in mir, das ist in meinem Fleisch, nichts Gutes wohnt; denn das Wollen ist bei mir vorhanden, aber das Vollbringen des Guten nicht. Denn das Gute, das ich will, übe ich nicht aus, sondern das Böse, das ich nicht will, das tue ich»* (Römer 7,18–19). Gottes Werk aber beschränkt sich nicht nur auf die Wahrnehmung unserer eigenen Schwäche. Wenn sie uns nämlich bewusst wird, dann begreifen wir auch, wie sehr wir Gott brauchen. Gerade dann, wenn wir uns eingestehen, dass wir der Versuchung nachgeben könnten und deswegen über unsere Gedanken wachen sollten, dürfen wir die Worte des Herrn, die in erster Linie an Paulus gerichtet waren, auch auf uns persönlich beziehen: *«Meine Kraft kommt in Schwachheit zur Vollendung»* (2. Korinther 12,9). Daraufhin bekannte Paulus: *«Um Christi willen;... wenn ich schwach bin, dann bin ich stark»* (Vers 10).

Wenn dir bewusst geworden ist, dass du der Versuchung erliegen kannst, ist es wichtig, Gedankenzucht zu üben, das heisst, dass du nicht krampfhaft dagegen ankämpfst, sondern bewusst über Gutes und Schönes nachdenkst.

2. Erkennen, dass die Pornografie Sünde ist

Ein anderer wichtiger Punkt im Kampf gegen die Pornografie ist, zu erkennen, was sie in Gottes Augen ist. Sie gehört zu den Vergehen, welche die Bibel mit dem Begriff Unzucht bezeichnet, und verhindert das geistliche Wachstum eines Menschen. Deswegen ist es für jeden Christen entscheidend, eine tiefe Gemeinschaft mit Christus zu pflegen, Sünden zu bekennen und zuzulassen, dass sein Geist uns von jeder Sünde reinigt. *«Wenn wir unsere Sünden bekennen, ist er treu und gerecht, dass er uns die Sünden vergibt und uns reinigt von jeder Ungerechtigkeit»* (1. Johannes 1,9).

Unzucht hat den Menschen schon immer grosse Probleme bereitet, gerade weil das sexuelle Verlangen sehr stark ist[9]. Es ist trotzdem notwendig, zwei Aspekte des sexuellen Verlangens zu unterscheiden. Es kann ausdrücken:
- die normale Sehnsucht nach körperlicher Intimität mit jemandem des andern Geschlechts, die sich innerhalb der Ehe verwirklichen lässt;
- die egoistische Suche nach der eigenen Lustbefriedigung, die von einer selbstbezogenen Erotik erfüllt wird.

Im ersten Fall ist das Verlangen eine normale Eigenschaft des Menschen. Gott hat den Mann und die Frau so geschaffen, dass sie sich gegenseitig ergänzen sollen. Sex ist ein Ausdruck dieser einmaligen Verbundenheit, eine wunderbare, beglückende Möglichkeit, Liebe auszudrücken. Innerhalb der Ehe betrachtet die Bibel die körperliche Vereinigung als etwas Gutes, Gottgewolltes. *«Die Frau verfügt nicht über ihren eigenen Leib, sondern der Mann; ebenso aber verfügt auch der Mann nicht über seinen eigenen Leib, sondern die Frau. Entzieht euch einander nicht, es sei denn nach Übereinkunft eine Zeitlang, damit ihr euch dem Gebet widmet und dann wieder zusammen seid, damit der Satan euch nicht versuche, weil ihr euch nicht enthalten könnt»* (1. Korinther 7,4–5). Die Sexualität ist der körperliche Audruck der Liebe, und sucht nicht das Ihre, sondern vor allem auch das Wohl des anderen.

Im zweiten Fall dagegen ist Sex von der Liebe getrennt und ist lediglich Mittel und Zweck zum eigenen Vergnügen. Dabei spielt der Partner auch keine wesentliche Rolle, weil nicht er (oder sie) als Mensch gefragt ist, sondern nur sein (oder ihr) Körper. Ohne Einbindung in eine dauerhafte und stabile Beziehung pervertiert das sexuelle Verhalten. Das häufige Wechseln des Partners zeigt nämlich die Unfähigkeit, eine echte Liebesbeziehung aufzubauen. Dieses Verhalten ist unsittlich und wird von der Schrift Sünde genannt (Unzucht). *«Denn dies ist Gottes Wille: eure Heiligung, dass ihr euch von der Unzucht fern haltet, dass jeder von euch seinen eigenen Leib in Heiligkeit und Ehrbarkeit zu gewinnen wisse, nicht in Leidenschaft der Lust wie die Nationen, die Gott nicht kennen»* (1. Thessalonicher 4,3–5). Dazu gehört auch die Pornografie. *«Irrt euch nicht! Weder Unzüchtige, noch Götzendiener, noch Ehebrecher, noch Wollüstlinge, noch Knabenschänder ... werden das Reich Gottes erben»* (1. Korinther 6,9–10).

Pornografie ist eine Sünde, die auch andere Sünden nach sich zieht. Sie beeinflusst das geistliche Leben und hindert die Gemeinschaft mit dem Herrn. *«Wenn wir sagen, wir hätten keine Sünde, so betrügen wir uns selbst, und die Wahrheit ist nicht in uns. Wenn wir aber unsere Sünden bekennen, so ist er treu und gerecht, dass er uns die Sünden vergibt und uns reinigt von aller Ungerechtigkeit»* (1. Joh. 1,8–9).

3. Zugeben, dass du Jesus Christus brauchst

Ein weiterer Unterschied zwischen der humanistischen und der christlichen Psychologie besteht darin, dass die erste ermutigt, innerhalb seiner selbst nach Problemlösungen zu suchen, die zweite aber einen Eingriff von aussen voraussetzt. In manchen leichten Fällen mag die psychologische Stütze als die beste Lösung erscheinen. Dennoch belehren uns die Erfahrung und zahlreiche Zeugnisse von Betroffenen, dass kaum ein süchtiger Mensch es schafft, seine Abhängigkeit aus eigener Kraft zu überwinden. Der Psychotherapeut kann zwar als Fremder Hilfe leisten, aber oft entsteht eine neue Art der Abhängigkeit, nämlich die des Patienten zu seinem Therapeuten. Es kommt manchmal vor, dass Menschen, die unter akuten Angstzuständen leiden, zugeben, im regelmässigen Kontakt zu ihrem Therapeuten die nötige Kraft zu finden, um mit ihren Problemen besser umgehen zu können. Selbstverständlich fördern die meisten Therapeuten diese Bindung nicht, dennoch lässt es sich nicht vermeiden, dass sich bei manchen Patienten eine Dynamik entwickelt, die sie von einer Suchtform in die nächste treibt. Sie werden also von ihrem Therapeuten abhängig, um ihre Angstzustände zu überwinden. In ihren Augen verkörpert er das Mittel, das ihren negativen Gefühlen erfolgreich entgegenwirkt. Er ist der Halt, der den Sturz verhindert. Wenn er im Urlaub ist, oder wenn sie ihn aus irgendeinem Grund nicht erreichen können, treten ihre Angstzustände schlimmer auf als je zuvor. Das Problem kann sich vergrössern, weil zum lähmenden Gefühl der

Angst noch zwei andere hinzukommen: das Versagergefühl und das Gefühl, unwürdig zu sein, da man es nicht geschafft hat, in sich selbst die Kraft zu finden, um das Problem zu bewältigen. Die therapeutische Voraussetzung der Psychologie (d. h. in sich selbst die Kraft zu finden, um das Problem zu bewältigen) ist eine Illusion, das Freiheitsversprechen leer.

Gottes Wort betont, dass wir jene «positiven» Kräfte, die uns die Herrschaft über unsere eigenen Gefühle, unsere Stimmungen und unsere Suchtprobleme verleihen, nicht in uns selbst finden können. *«Ich weiss, dass in mir (...) nichts Gutes wohnt»* (Römer 7,18). Die Wahrnehmung des eigenen Ichs ist beim Apostel Paulus extrem nüchtern und objektiv. So sollte auch unsere Wahrnehmung sein: die Erkenntnis, dass wir es alleine nicht schaffen können. Erst dann werden wir um Hilfe bitten. Und nun geht es darum, genau jene Hilfe in Anspruch zu nehmen, die uns tatsächlich aus unseren Ketten endgültig befreien kann.

Der Herr Jesus Christus sagt: *«Getrennt von mir könnt ihr nichts tun»* (Johannes 15,5). Schon diese Aussage kann für uns hilfreich sein, weil sie uns in unserer Schwachheit tröstet. Wenn ein Mensch süchtig ist, besteht das Risiko, ihm mit dem Vorwurf, er könne sich nicht beherrschen, zusätzlich weitere Lasten aufzubürden. Der Vorwurf stimmt zwar völlig, aber allein wird er nie in der Lage sein, sich im Zaum zu halten! Wir können uns leicht ein Urteil über ihn erlauben und ihn als Weichei abstempeln. Doch geht der Herr über das Urteil hinaus und bietet die Lösung an: *«Kommt her zu mir, alle ihr Mühseligen und Beladenen, und ich werde euch Ruhe geben (...), und ihr werdet Ruhe finden für eure Seelen»* (Matthäus 11,28–29). Die Ruhe des Herrn ist nicht nur eine körperliche, sondern sie bezieht sich auch auf unsre Psyche: *«Ihr werdet Ruhe finden für eure Seelen.»* In der Bibel wird das Herz oder die Seele oft als der Sitz unserer Gefühle und Emotionen bezeichnet. Dies bedeutet, dass das Heil in Christus auch die psychischen Probleme miterfasst, weil sein Rettungsplan dem Menschen als Ganzes gilt.

Der Süchtige braucht Christus, um aus dem Treibsand herauszukommen, der ihn nach und nach verschlingt. *«Woher wird meine Hilfe kommen? Meine Hilfe kommt vom HERRN, der Himmel und Erde gemacht hat»* (Psalm 121,1–2).

4. Einen endgültigen Schlussstrich ziehen wollen
Jemand hat einmal behauptet, die Sünde sei stets verlockender als die Gerechtigkeit. Sie trägt ein reizvolleres Kleid, das unsere verdorbenen Sinne mehr anzieht. *«Ein jeder aber wird versucht, wenn er von seiner eigenen Lust fortgezogen und gelockt wird. Danach, wenn die Lust empfangen hat, gebiert sie Sünde; die Sünde aber, wenn sie vollendet ist, gebiert den Tod»* (Jakobus 1, 14–15). Gerade ihre enorme Anziehungskraft macht die Pornografie so gefährlich. Wer davon abhängig ist und versucht, ihren Krallen zu entkommen, ist frustriert, wenn er merkt, dass sein schwankender Wille seine niederen Instinkte nicht kontrollieren kann. Wie oft hast du schon versucht, damit aufzuhören, und bist dennoch wieder rückfällig geworden? Spätestens dann ist es höchste Zeit, eine endgültige Entscheidung zu treffen. Wer mit dem Rauchen aufhören will, muss die Zigarettenschachtel wegwerfen und bei dem Entschluss bleiben, sich nie wieder eine neue zu kaufen. Die Entschiedenheit dieses Schrittes stützt sich nicht auf das eigene Selbstvertrauen, sondern auf Gottes Treue. Diese Entschlossenheit ist die gleiche, die Josua zeigte, als er sich vor dem Volk Israel für den Herrn entschied, ungeachtet dessen, was seine

Volksgenossen erwählt hatten. *«Ist es aber übel in euren Augen, dem* HERRN *zu dienen, dann erwählt euch heute, wem ihr dienen wollt: entweder den Göttern, denen eure Väter gedient haben, als sie noch jenseits des Stroms waren, oder den Göttern der Amoriter, in deren Land ihr wohnt! Ich aber und mein Haus, wir wollen dem* HERRN *dienen!»* (Josua 24,15). Josua wartete nicht erst auf die Entscheidung seines Volkes, um sich dann daran anzulehnen. Stattdessen fasste er einen festen Entschluss und traf seine endgültige Wahl. Eine wichtige Bemerkung dabei ist, dass die Entscheidung nicht verschoben werden konnte, sondern sofort getroffen werden musste *(«erwählt euch heute»)*. Genauso ist es bei einer Sucht: Man sollte den Entschluss, herauszukommen, nicht immer wieder verschieben. Je länger man wartet, desto grösser wird die Abhängigkeit. Je mehr Zeit man verstreichen lässt, desto tiefer werden die Wurzeln sich ausbreiten.

Treffe *heute* den Entschluss, herauszukommen! Verpflichte dich vor Gott mit einer aufrichtigen Entscheidung. Sicherlich wirst du hin und wieder das Verlangen verspüren, diese Bilder anzuschauen. In solchen Situationen ist es notwendig, sich der eingegangenen Verpflichtung zu erinnern und der Versuchung mit einem entschiedenen «Nein!» zu begegnen. Wenn du die Entscheidung mit Gott getroffen hast, kannst du dich darauf verlassen, dass er dich nicht im Stich lässt, sondern den Kampf an deiner Seite aufnimmt. In dem Augenblick, in dem du entschieden hast, dich aus der Sackgasse der Abhängigkeit endgültig zu entfernen, hast du ihr den Krieg erklärt, und du bist eine Verpflichtung eingegangen. Dein Ziel ist nun, den Sieg, den Jesus Christus über das, was dich versklavt, schon errungen hat, zu deinem eigenen zu machen. Deshalb musst du deine Gedanken in eine neue Richtung lenken: nach oben.

5. Sich um das eigene geistliche Wachstum bemühen
Um oben anzukommen, muss man steigen. Wenn du begriffen hast, was du eigentlich getan hast, wirst du aller Wahrscheinlichkeit nach auch merken, wie tief du gestürzt bist. Daraufhin hast du dich entschieden, dich total zu verändern, weil du Abscheu vor dir selbst empfunden hast. Das «therapeutische» Schuldgefühl hat dich dazu bewegt. Wie fühlst du dich jetzt? Vielleicht glaubst du, derart unwürdig und schmutzig zu sein, dass Gott dich ablehnen wird. Was für ein teuflischer Irrtum! Diese Lüge lässt dich an Gottes Liebe und an seinem Interesse an dir zweifeln. Diesbezüglich enthält die Bibel eine sehr wichtige Aussage für dein Leben: *«Kommt denn und lasst uns miteinander rechten! spricht der* HERR. *Wenn eure Sünden rot wie Karmesin sind, wie Schnee sollen sie weiss werden. Wenn sie rot sind wie Purpur, wie Wolle sollen sie werden. Wenn ihr willig seid und hört, ... Ich, ich bin es, der deine Verbrechen auslöscht um meinetwillen, und deiner Sünden will ich nicht gedenken. ... Ich habe deine Verbrechen ausgelöscht wie einen Nebel und wie eine Wolke deine Sünden. Kehre um zu mir, denn ich habe dich erlöst!»* (Jesaja 1,18; 43,25; 44,22). Das ist die gute Nachricht für all diejenigen, die meinen, ihre Sünde sei zu gross, als dass sie vergeben werden könnte!

Wende dich deswegen mit grosser Zuversicht an Gott. Er wird die Reue in deinem Herz sehen. Das Schuldgefühl ist positiv, wenn es zu einer Veränderung des Zustandes führt, nicht aber, wenn es uns blockiert und hindert, Vergebung zu suchen.

Vertraue Christus deine Lasten an und bitte ihn, dir im Kampf beizustehen. Mag die humanistische Psychotherapie über die Wirksamkeit und die Macht des Gebetes, des Gespräches mit dem Herrn, auch höhnisch lachen, solltest du sie nicht unterschätzen. Durch das Gebet empfängst du die Kraft, die du brauchst. Hege und pflege dein Gebetsleben sehr sorgfältig und fleissig (dies sollte jeder Christ tun, nicht nur diejenigen, die gegen ihre Abhängigkeit kämpfen!), und lege einen Zeitpunkt in deinem Tagesablauf fest, an dem du mit deinem himmlischen Vater reden kannst. Bring ihm deine Lasten und vertraue auf ihn, der dir die notwendige Kraft schenken wird, um der Versuchung zu widerstehen.

Glaube nicht, dass du den Krieg in einem einzigen Kampf gewinnen kannst: Die Befreiung von einer Sucht ist ein fortlaufendes Befestigungswerk, das nach und nach stufenweise vollzogen wird. Darum ist es so wichtig, im geistlichen Leben Tag für Tag zu wachsen, einen Stein nach dem anderen aufzulegen. Wenn du versucht wirst, noch einmal in einer Pornozeitschrift zu blättern, wirst du feststellen, dass dir dann das Beten sehr schwer fällt. In manchen Fällen scheint es ganz und gar unmöglich zu sein, gerade am Anfang eines Heilungsprozesses oder mitten in einer besonders schweren «Entzugskrise».

In einer solchen Situation ist es wichtig, am Entschluss festzuhalten, aus dem Sog herauszukommen und zu widerstehen. Überwinde dich dann, deine Bibel zu nehmen und den Psalm 3 laut zu lesen. Fahre mit den Psalmen 4, 26, 27, 28, 31, 32, 33 … fort. Fülle deine Gedanken mit Gottes Wort, und wenn du den schwersten Augenblick der Versuchung überwunden hast, lass deiner Dankbarkeit im Gebet freien Lauf. *«Gott aber ist treu, der nicht zulassen wird, dass ihr über euer Vermögen versucht werdet, sondern mit der Versuchung auch den Ausgang schaffen wird, sodass ihr sie ertragen könnt»* (1. Korinther 10,13).

Vergiss nicht, dass die Versuchung nicht ewig dauert, sondern aus einzelnen Momenten besteht. Einige davon sind stärker, andere schwächer. In einer bestimmten Pha se des Angriffes kann die Versuchung dich ängstigen, weil sie dir so gross wie ein Berg erscheint. Doch wenn du ihr widerstehst, merkst du nach und nach, dass sie bald überwindbare Steine werden. *«Unterwerft euch nun Gott! Widersteht aber dem Teufel, und er wird von euch fliehen»* (Jakobus 4,7). *«Euer Widersacher, der Teufel, geht umher wie ein brüllender Löwe und sucht, wen er verschlingen könne. Dem widersteht standhaft durch den Glauben»* (1. Petrus 5,8–9).

Wenn du stets so handelst, dann wirst du bald auch feststellen, wie du dich immer besser gegen die Versuchung wehren kannst. Dies bedeutet, dass dein Wille, der einst von der Sucht beherrscht war, jetzt nach und nach und mit der Hilfe des Heiligen Geistes anfängt, Selbstbeherrschung zu üben. Dies kann man mit einer Verstärkung deiner Entscheidungskraft vergleichen, ist aber das Ergebnis der Wirkung des Geistes Gottes in dir: *«Die Frucht des Geistes ist Liebe, Freude, Friede, Langmut, Freundlichkeit, Güte, Treue, Sanftmut, Selbstbeherrschung»* (Galater 5,22). Diese neue Fähigkeit zur Beherrschung ist dir also von Gott gegeben und zeugt von seiner Liebe und Fürsorge dir gegenüber. Hier geht es nicht um eine Kraft, die aus deinem Fleisch oder aus deinem Verstand kommt und die du in dir selbst entdecken musst. Es ist vielmehr das wunderbare Geschenk, das Gott dir gibt, um dich wirklich frei zu machen. Einst fühltest du dich wehrlos, schwach, jeder Versuchung ausgeliefert, weil du dich nicht beherrschen konntest. Für dich galt das, was Salomo sagte: *«Eine aufgebrochene Stadt ohne Mauer, so ist ein Mann ohne Selbstbeherrschung»* (Sprüche 25,28). Deine Abwehrwaffen waren untauglich. Wenn du aber weiterhin auf dein geistliches Leben achtest, wirst du von nun an stets aus der Quelle schöpfen, die dich in deinem Kampf stärkt. Die Gegenwart des Herrn in deinem Leben lässt deine Selbstbeherrschung immer grösser werden. Mit Freude und Hoffnung hast du schon gemerkt, dass «... *besser, wer seinen Geist beherrscht, als wer eine Stadt erobert»* (Sprüche 16,32).

Deswegen beruht der Kampf gegen die Versuchung letztendlich auf Gottes Treue und nicht auf deiner eigenen Kraft. Das Ergebnis hängt davon ab, wie intensiv du dich um dein geistliches Leben kümmerst, damit Gott seine Befreiung in dir verwirklichen kann.

6. Die eigenen Überzeugungen gegen die gängigen Weltanschauungen durchsetzen
Gottes Wort ermahnt uns, nichts gemeinsam mit den unfruchtbaren Werken der Finsternis zu haben, sondern sie vielmehr blosszustellen (vgl. Epheser 5,11–12). Du kannst dem starken Druck des Umfeldes nur mit einer tiefen, festen biblischen Überzeugung standhalten. Zu glauben heisst nicht, manchen abstrakten Regeln blind zu gehorchen. Es bedeutet in erster Linie, eine persönliche Beziehung zu einer bestimmten Person aufzubauen: zu Jesus Christus. Er ist derjenige, der dir helfen wird, mit deinen Trieben umzugehen. Er schenkt dir die Kraft, um deinen täglichen Kämpfen entgegenzutreten, um von deiner Sklaverei freizukommen.

Wenn du mit Freunden in der Schule, am Arbeitsplatz oder auf der Strasse zusammen bist, nutze die Chance und stelle deine neugewonnenen geistlichen Überzeugungen auf den Prüfstand. Lass dich nicht in unanständige und obszöne Gespräche verwickeln, sondern lehne dies energisch ab. *«Ich sage euch aber, dass die Menschen von jedem unnützen Wort, das sie reden, Rechenschaft geben müssen am Tag des Gerichts; denn aus deinen Worten wirst du gerechtfertigt werden, und aus deinen Worten wirst du verdammt werden»* (Matthäus 12,36–37). Sei unerschütterlich und halte bewusst deine klaren Glaubensüberzeugung dagegen. Bleibe nicht nur bei dem Wunsch, solche Gespräche zu meiden, sonst wirst du leicht als Weichei abgestempelt. Du solltest lieber deine Alternative vorstellen. *«Fürchtet aber nicht ihren Schrecken, noch seid bestürzt, sondern heiligt den Herrn, den Christus, in euren Herzen. Seid aber jederzeit bereit zur Verantwortung jedem gegenüber, der Rechenschaft von euch über die Hoffnung in euch fordert, aber mit Sanftmut und Ehrerbietung; und habt ein gutes Gewissen, damit die, welche euren guten Wandel in Christus verleumden, darin zuschanden werden, worin euch Übles nachgeredet wird»* (1. Petrus 3,14–16). Das ist eine wunderbare Gelegenheit, um deine Zugehörigkeit zum Herrn zu bezeugen. Und falls du meinst, dafür seiest du noch zu schwach, kannst du dich trotzdem von ihm gebrauchen lassen, um deiner Schwachheit zum Trotz die Wahrheit in Christus zu verkündigen. Er kann dich unterstützen, genauso wie er damals auch dem kleinen David über Goliath, den Riesen, den Sieg schenkte. Er kann dir helfen, deinen Freunden die Stirn zu bieten. Du wirst entdecken, dass gerade die kleinen Siege, die du davonträgst, wenn du dich konsequent verhältst, dein Vertrauen in Gottes Wirken in deinem Leben stärken werden.

B) Einige praktische Tipps

Und nun zum zweiten Aspekt der Therapie, dem eher praxisbezogenen Teil. Hier sind einige Tipps aufgezählt. Befolge sie gewissenhaft, und während du deine Überzeugungen festmachst, wirst du auch erkennen, dass sie dir in deinem geistlichen Wachstum eine kostbare praktische Hilfe sind.

1. Vermeide jede Möglichkeit der Versuchung
Wenn du von deiner Abhängigkeit frei werden willst, musst du in erster Linie alle konkreten Versuchungsmöglichkeiten vermeiden. Deshalb: Wirf jede Art pornografischen Materials, das du besitzt, weg. Auch wenn du alles in einer Schublade abschliessen und dabei schwören solltest, du würdest es nie wieder anfassen, wäre es doch nur eine Frage der Zeit, und du würdest rückfällig werden, weil du den Inhalt jener Schublade immer noch im Hinterkopf gespeichert hast. Darum zögere nicht! Trenne dich von all dem, was mit deinen Ketten zusammenhängt. Wahrscheinlich wird es dir nicht leicht fallen, da du emotionell an die Bilder dieser «Papierfrauen» gebunden bist, die in dir so viele Begierden geweckt haben. Du musst diese Entscheidung aber treffen. Vielleicht findest du es schade, weil du an das viele Geld denkst, das du für diese Zeitschriften und Videos ausgegeben hast. Lass dich nicht von dieser Ausrede davon abbringen, folge stattdessen einem bezeichnenden Beispiel aus der Schrift: «*Viele aber von denen, die gläubig geworden waren, kamen und bekannten und gestanden ihre Taten. Viele aber von denen, die vorwitzige Künste getrieben hatten, trugen die Bücher zusammen und verbrannten sie vor allen; und sie berechneten ihren Wert und kamen auf fünfzigtausend Silberdrachmen*» (Apostelgeschichte 19,18–19). Diese Menschen wollten mit ihrer Vergangenheit nichts mehr zu tun haben und jeden potentiellen Stolperstein, der auch nur einen Hauch von schädlichem Einfluss auf sie hätte ausüben können, definitiv aus ihrem Leben entfernen. Der enorme Wert der Bücher hielt sie nicht vom Entschluss ab, diese trotzdem zu verbrennen. Fünfzigtausend Silberdrachmen sind umgerechnet Tausende und Abertausende unserer heutigen Euros!

Trenne dich also von jeder möglichen Versuchung. Behalte nichts von all dem, was deine Gedanken zur Pornografie verführen könnte. Trenne dich von diesem Material nicht mit Verlustgefühlen, sondern siegesbewusst, weil du eine Bindung abbrichst, die von nun an keine Macht mehr über dich ausüben wird. Gib ruhig zu, dass du ein Sklave dieser Bilder gewesen bist, aber jetzt Abscheu empfindest, wenn du bedenkst, wie tief du dadurch in den Abgrund gestürzt bist.

Den Gegenstand deiner Abhängigkeit griffbereit zu bewahren heisst, dass der Teufel in deinem Haus immer noch einen Lagerraum hat, wo er dich versuchen kann, da er deine Gedanken stets dahin lenken wird. In diesem Fall nährt sich die Versuchung gerade aus der Tatsache, dass du wohl weisst, dein Begehren zu stillen.

Weitere Tipps:

- Lass nicht zu, dass deine Augen am Kiosk oder in der Videothek nach den verfänglichen Gegenständen schielen.
- Kündige dein Pay-TV-Abonnement, damit du nicht problemlos an manche Filme bei bestimmten Sendern herankommen kannst.
- Meide jede Route, die dir den Weg ins Gedächtnis rufen kann, den du zum Kiosk oder zum Sexshop benutzt hast, um dich mit dem Zeug einzudecken.
- Stelle deinen Computer in einen Raum deines Hauses, wo jeder beim Vorbeigehen einmal einen Blick auf den Bildschirm werfen kann. Die Möglichkeit, dass jemand aus deiner Familie mitkriegen könnte, dass du gerade in einer Pornoseite surfst, wird dir helfen, dich davon fern zu halten.
- Meide Bekannte mit der gleichen Abhängigkeit, die dir neues Material besorgen oder dich auf die Adresse einer neuen Pornoseite im Internet hinweisen könnten.

2. Schliesse dich einer christlichen Jugendgruppe an
Zwei der grössten Gefahren, die einen Rückfall in die Pornografie begünstigen, sind Langeweile und das Alleinsein über längere Zeit. Die Untätigkeit lässt deinen Gedanken freien Lauf, weil sie sich nicht auf etwas Spezielles konzentrieren. Auf diese Art und Weise können sie, der alten Gewohnheit nach, leicht wieder um die Dinge kreisen, mit denen du dich jahrelang beschäftigt hast: Fantasien und Handlungen, von denen du dich eigentlich trennen wolltest. In der Einsamkeit wird die Stimme der Versuchung lauter wahrgenommen. Ein kranker Mensch, der in seinem Krankenbett allein gelassen wird, kann sein Leiden schwerer ertragen. Seine körperlichen Schmerzen werden durch die Einsamkeit und das Gefühl des Verlassenseins, die in ihm Angst und Sorgen auslösen, verstärkt. Doch sobald sich eine geliebte Person um ihn kümmert, lässt seine niedergeschlagene Stimmung allmählich nach und die Schmerzen scheinen erträglicher.

Unser Sinn kann unterschiedliche Botschaften aus verschiedenen Richtungen empfangen. Diese Richtungen jedoch könnte man grundsätzlich auf zwei Hauptkategorien reduzieren: innen und aussen. Die Botschaften, die von innen kommen, sind oft von unserem momentanen Wohlbefinden und unserem seelischen Zustand beeinflusst. Diese Botschaften entsprechen nicht immer der Wahrheit. Ebenfalls sind die Botschaften, die von aussen kommen, nicht absolut: Im Fall unseres Kranken helfen ihm der Austausch mit einem Freund, seine Liebe, sein Händedruck und seine Ermutigung, die inneren Gefühle (Angst und Sorge, Nutzlosigkeit und Depression) neu zu sortieren und zu verarbeiten. *«Kummer im Herzen des Mannes drückt es nieder, aber ein gutes Wort erfreut es. (...) Freundliche Worte sind Honig, Süsses für die Seele und Heilmittel für das Gebein»* (Sprüche 12,25 und 16,24).

Strebe deshalb nach Gemeinschaft mit Menschen, die dir geistlich weiterhelfen können. Die Jugendgruppen vieler Gemeinden sind eine grosse Hilfe, um gemeinsam Probleme zu besprechen und Versuchungen zu bekämpfen. *«Einer trage des anderen Last ...»* (Galater 6,2). Darum ist es so wichtig für dich, aufgrund des Versprechens Jesu die Notwendigkeit der Gemeinschaft mit den Geschwistern schätzen zu lernen, d. h. seine Anwesenheit untern seinen Kindern: *«Denn wo zwei oder drei versammelt sind in meinem Namen, da bin ich in ihrer Mitte»* (Matthäus 18,20).

Meide also das Nichtstun und bleibe nicht allein, besonders am Anfang deines Weges zur Befreiung. Treffe andere jungen Leute zum Bibellesen und engagiere dich im Dienst in deiner Gemeinde. Je mehr du anderen dienst, desto weniger wirst du dich mit dir selbst beschäftigen. Wenn du dich um eine selbstlose Einstellung bemühst, wirst du merken, dass die Last der Versuchung abnimmt.[10]

Falls du aber nicht mehr ganz jung bist, jedoch gegen die gleiche Abhängigkeit kämpfst,[11] dann suche dir eine Vertrauensperson, die dir helfen und dich in deinem Kampf unterstützen kann. All das, was in diesem Büchlein geschrieben ist, gilt für jeden, der gegen diese Form von Sucht kämpft, egal, wie alt er ist. Prüfe, welche der vorgeschlagenen Hinweise und Tipps dieser geistlichen Therapie sich für deine Schwachstellen am besten eignen, und verpflichte dich vor Gott, sie mit seiner Hilfe überwinden zu wollen. Verzweifle nicht! Es gibt Menschen, die über zwanzig Jahre von der Pornografie abhängig waren. Als sie schon die Hoffnung aufgaben, sind sie doch ein für allemal befreit worden!

3. Die Überwindung negativer Gefühle der Vergangenheit
Im Kapitel über die Gründe, die zum Pornokonsum führen können, sind auch Liebesmangel und Einsamkeit erwähnt, unter denen jemand über einen bestimmten Zeitraum des Lebens gelitten haben kann (zum Beispiel in der Kindheit oder in der Pubertät). Diese Gefühle sind oft mit traurigen und negativen Erfahrungen verbunden. Wenn sie nicht verarbeitet und überwunden werden, beeinflussen sie den grossen Teil unseres Lebens. Wenn der Pornokonsum als Ausweg erlebt worden ist, um dem Druck dieser Gefühle zu entfliehen, dann muss ein Schritt nach vorne getan werden, um sie zu überwinden.

Vielleicht ist inzwischen deine Meinung über dich selbst davon geprägt, was andere dir jeweils sagten, um dich zu verletzen. Deshalb zogst du dich immer mehr in deine fiktive Welt zurück, um dich vor dem seelischen Schmerz zu schützen. Vielleicht haben dich deine Eltern allzuoft allein gelassen und du hast dich mit einem falschen Liebesersatz getröstet. Vielleicht hat dein innerer Schmerz dich dazu veranlasst, einen schnelleren Weg zur Befriedigung und Entspannung zu suchen. Vielleicht waren deine Eltern zu autoritär und zu kritisch. Aber vielleicht bist du einfach zu stark auf dich selbst bezogen und fixiert, dass die Selbstbefriedigung die geeignete Form der Erfüllung darstellt, da sie den Rest der Welt ausschliesst.

Wo findest du dich wieder?

Die richtige Antwort fällt nicht immer so leicht, weil die seelischen Wunden der Vergangenheit manchmal nicht bewusst wahrgenommen werden. Ich will dir trotzdem etwas Wichtiges dazu sagen: *Egal, wie schlimm der Liebesmangel oder die negativen Gefühle waren, die du in der Vergangenheit erlebt hast, du kannst nur in Christus all die Liebe finden, die du brauchst!*

Du musst also lernen, diese negativen Gefühle im Lichte des Wirkens Gottes in dir zu verarbeiten. Die folgenden Stellen erklären dir, wie das geht.
- Der Ausgangspunkt, um solche Gefühle zu überwinden, ist in erster Linie die Gewissheit seiner Liebe zu dir. Jesus nimmt dich so an, wie du bist, und etwa zweitausend Jahre, bevor du geboren wurdest, hat er sich freiwillig für dich geopfert. Niemand liebt dich so sehr wie er. «*Hierin ist die Liebe: nicht dass wir Gott geliebt haben, sondern dass er uns geliebt und seinen Sohn gesandt hat als eine Sühnung für unsere Sünden*» (1. Johannes 4,10).
- Wenn du ein wiedergeborener Christ bist, dann hat der Geist Gottes dich neu gemacht und dir geistliche Fähigkeiten verliehen, die du vorher nicht hattest. «*Daher, wenn jemand in Christus ist, so ist er eine neue Schöpfung; das Alte ist vergangen, siehe, Neues ist geworden. Alles aber von Gott ...*» (2. Korinther 5,17–18 a).
- Diese geistlichen Fähigkeiten helfen dir nun, auch die schwierigen Bereiche deines Lebens anzupacken und zu überwinden: die Versuchungen und die negativen Gefühle. «*Die Frucht des Geistes aber ist: Liebe, Freude, Friede, Langmut, Freundlichkeit, Güte, Treue, Sanftmut, Selbstbeherrschung. (...) Die aber dem Christus Jesus angehören, haben das Fleisch samt den Leidenschaften und Begierden gekreuzigt. Wenn wir durch den Geist leben, so lasst uns durch den Geist wandeln*» (Galater 5,22.24).
- Die «Leidenschaften des Fleisches» beziehen sich nicht nur auf den sexuellen Bereich, sondern auch auf all das, was unsere Seele belastet und unser geistliches Wachstum hindert: «*... Götzendienst, ... Feindschaften, Hader, Eifersucht, Zornausbrüche, Selbstsüchteleien, Zwistigkeiten, ... Neidereien*» (Galater 5,19–21). Dazu

gehören auch die negativen Gefühle, die aus den Verletzungen der Vergangenheit stammen.
- Bitte darum den Herrn um Hilfe, damit du diese Hürden überwinden und aus deiner Seele entfernen kannst. Wenn du jemandem vergeben sollst, tue es. Warte nicht, bis du dich dazu in der Lage fühlst, diesen Schritt aus eigener Kraft zu tun. Nutze stattdessen die geistlichen Hilfsmittel, die dir jetzt zur Verfügung stehen. Wenn du aufgrund deines Liebesmangels fest davon überzeugt bist, unwürdig zu sein, dann erinnere dich an die unendliche Liebe, die dir Christus am Kreuz erwiesen hat. Handle genauso im Bezug auf alle Gefühle und Empfindungen, die dich deiner Meinung nach zum Pornokonsum geführt haben. Denke daran, dass du in Christus eine neue Schöpfung geworden bist und deshalb ein neues Leben beginnen darfst. Du kannst neue Gedankeninhalte entwickeln, um neue Taten zu vollbringen.

4. Lerne, die eigenen Denkmuster neu zu definieren
Wie wir schon gesehen haben, ernährt sich die Abhängigkeit von der Tatsache, dass die Gedanken in einem festen Muster gefangen sind, das sich nach einem scheinbar unveränderlichen Ablauf wiederholt und stets zu den gleichen Handlungen führt.

Um aus solch einem Teufelskreis auszubrechen, ist es notwendig, diese Denkmuster neu zu definieren. Täusche dich nicht, indem du dir einredest, dass du pornografisches Material lediglich dazu gebrauchen würdest, um Spannungen abzubauen. Dafür gibt es andere Methoden. Um Probleme zu lösen, stehen dem Menschen immer verschiedene Lösungs- und Wahlmöglichkeiten zur Verfügung. Er neigt jedoch dazu, stets den Weg des scheinbar geringsten Widerstandes zu gehen. Was unser spezielles

Thema betrifft, haben wir aber erkannt, dass der verlockende Weg leider auch der gefährlichste ist.

Ich will versuchen, diese Auffassung anhand eines Beispiels besser zu erläutern:

- Stellen wir uns vor, du bist in der Schule oder am Arbeitsplatz gedemütigt worden, d. h. an einem Ort, wo du einen grossen Teil deines Tages verbringen musst.
- Diese Demütigung (z. B. eine schlechte Note, das Tadeln des Lehrers oder das Rügen deines Arbeitsgebers wegen einer Unachtsamkeit während der Arbeit) belastet dich, weil sie deinen Stolz verletzt und dich vor deinen Kameraden blossgestellt hat.
- Du sehnst dich nach irgendeiner Form der Bestätigung, um den Schmerz auszugleichen und dein Gleichgewicht wieder zu finden.
- Du hast verschiedene Handlungsmöglichkeiten. Die Wahl, die du dabei triffst, hängt von vielen Faktoren ab: deinem Charakter, deinem Temperament, deiner seelischen und körperlichen Verfassung, deiner moralischen Überzeugungen, usw.
- Deine Wahl kann zwar jedes Mal unterschiedlich ausfallen, aber je müheloser sie dich befriedigt und bestätigt, desto wahrscheinlicher ist es, dass du genau die gleiche Wahl auch in Zukunft treffen wirst. In manchen Fällen könnte dann eine gewisse Abhängigkeit entstehen.

Demütigung,
die seelischen Schmerz verursacht

Ausgleich
Bestätigungsbedarf, um den seelischen Schmerz auszugleichen

Wie?

körperliche Befriedigung

- Süssigkeiten essen
- Selbstbefriedigung
- Ich-bezogener Sex
- Übertriebene sportliche Betätigung
- Sich ein neues Kleidungsstück kaufen
- usw.

in sich selbst zurückziehen

- Stundenlang Fernsehen
- Mit Kopfhörer Musik hören
- Im Internet surfen
- Schlafen
- Selbstmitleid
- usw.

konstruktiv reagieren

- Den Grund der Demütigung verstehen
- Die eigenen Fehler zugeben
- Die eigenen Mängel überwinden
- Die Voraussetzungen für eine erneute Demütigung ausräumen
- usw.

Welchen Ablauf suchen sich deine Gedanken aus? Ist es dir bewusst, dass du stets nach dem gleichen Muster handelst? Hast du festgestellt, dass die Pornografie und die Selbstbefriedigung dich leichter als andere Dinge bestätigen? Kehre um! Bemühe dich um andere Alternativen. Lass deine Handlungsmöglichkeiten nicht erstarren und gib dich nicht mit einem schnellen Ersatz zufrieden! Gehe nicht in die Falle, die dir das gewohnte, starre Denkmuster stellt und dich in die Abhängigkeit bringen kann! Wenn du merkst, dass deine Gedanken den Weg der Selbstbefriedigung durch die Pornografie einschlagen, ziehe energisch die Bremse!

Ich möchte dich daran erinnern, dass Jesus Christus auf einen viel wirksameren Weg hinweist, um Spannungen abzubauen: *«Kommt her zu mir, alle ihr Mühseligen und Beladenen, und ich werde euch Ruhe geben (...), und lernt von mir (...), und ihr werdet Ruhe finden für eure Seelen»* (Matthäus 11,28–29).

Um neue Denkmuster zu erlernen, musst du zuerst deine Gedanken reinigen, indem du sie von all dem Müll befreist, der sie bisher verschmutzt hat, und entsprechend deinem neuen Leben in Christus von nun an handeln. *«Ihr aber habt den Christus nicht so kennen gelernt, wenn ihr ihn wirklich gehört und durch ihn gelehrt worden seid, wie die Wahrheit in Jesus ist: dass ihr, was den früheren Lebenswandel angeht, den alten Menschen abgelegt habt, der sich durch die betrügerischen Begierden zugrunde richtet, dagegen erneuert werdet in dem Geist eurer Gesinnung und den neuen Menschen angezogen habt, der nach Gott geschaffen ist in wahrhaftiger Gerechtigkeit und Heiligkeit»* (Epheser 4,20–24).

Da wir in dieser Welt leben, kann unser Umfeld einen sehr starken Druck auf uns ausüben. Wenn du aber in deinen biblischen Überzeugungen fest verankert bist, kannst du ihm widerstehen. *«Brüder, ... seid nicht gleichförmig dieser Welt, sondern werdet verwandelt durch die Erneuerung des Sinnes, dass ihr prüfen mögt, was der Wille Gottes ist: das Gute und Wohlgefällige und Vollkommene»* (Römer 12,2).

5. Lass dich von einer Vertrauensperson begleiten
Dies ist eine heikle Angelegenheit, weil niemand zugeben möchte, Probleme mit der Pornografie zu haben. Es könnte jedoch sehr hilfreich sein, eine Bezugsperson zu haben, die vertrauenswürdig und absolut verschwiegen ist. Womöglich brauchst du jemanden, der mit dir und für dich betet; jemanden, dem du deine Ängste anvertrauen kannst und der dich im Kampf unterstützt. Es ist schwer, allein aus deiner Sucht herauszufinden. Es ist schon ein Trost, mit jemandem darüber zu sprechen, der dich versteht, ermutigt und dir hilft. Du kannst wenigstens einen Teil der Last ablegen, die du mit dir schleppst. Wenn du niemanden hast, dem du während deines Heilungsprozesses Rechenschaft über deine Fortschritte und Niederlagen ablegen musst, ist die Gefahr grösser, rückfällig zu werden. Ausserdem kann ein bewährter Bruder im Glauben dich ständig an die Liebe Gottes erinnern. Diese Tatsache muss immer wieder betont werden, denn der Herr will dich befreien, weil er dich liebt. *«Ich bin mit dir, um dich zu erretten, spricht der* HERR*»* (Jeremia 1,8).

Ich weiss, dass es nicht leicht ist, jemanden zu finden, der dich auf dem Weg zur Heilung mit Rat und Tat begleitet und deine Fortschritte bestätigt. Er sollte ein feinfühliger, verschwiegener Mensch mit einer seelsorgerlichen Gabe sein. Vielleicht schämst du dich, mit jemandem aus deiner örtlichen Gemeinde darüber zu sprechen. Doch vergiss bitte nicht, dass die Verantwortlichen verpflichtet sind, sich um die Menschen zu kümmern, die der

Herr ihnen anvertraut hat. Wahrscheinlich fühlen sich nicht alle für diesen besonderen Bereich der Seelesorge geeignet. Schaue dich um, erkenne eine oder mehrere Personen, die deiner Meinung nach über das erforderliche Feingefühl verfügen. Wenn du nicht weisst, wie du das Thema ansprechen kannst, leihe dem Betreffenden dieses kleine Buch aus und frage ihn, was es davon hält. Du könntest den Vorschlag machen, es in einer der Jugendstunden zu besprechen. Der Mensch, dessen Hilfe du in Anspruch nehmen möchtest, muss nicht unbedingt einer der Verantwortlichen sein. Er sollte jedoch ein gutes Zeugnis von den Ältesten und ein ausgeprägtes geistliches Verständnis haben.

Ich rate dir, auch dafür zu beten. Bitte den Herrn, dich vor falschen Ängsten zu befreien und dir gleichzeitig die notwendige Weisheit zu schenken, um dich an den richtigen Berater zu wenden.

6. Das Potential an Erotik und Liebe innerhalb der Ehe aufrechterhalten
Wir haben schon erwähnt, wie wichtig es ist, in der Ehe aussereheliche sexuelle Reize zu meiden. Dies bedeutet, dass der Auslöser des sexuellen Verlangens stets innerhalb der ehelichen Beziehung sein muss. Sowohl der Ehemann als auch die Ehefrau sollten sich deshalb immer wieder bemühen, füreinander attraktiv und begehrenswert zu sein.

Denk daran: Liebe ist nicht nur ein Gefühl, sondern die bewusste Entscheidung, dem Ehepartner zu dienen und seine/ihre Bedürfnisse zu erfüllen. Wenn wir unseren Ehepartner lieben, möchten wir ihm/ihr uns selbst schenken, nicht zuletzt auch, um die körperliche Intimität erfüllend zu bewahren. Dieser Umgang miteinander ist eine Art von «ehelicher Verführung», die von der Intensität der gegenseitigen Liebe und von der Sehnsucht nach dem Einswerden gekrönt ist.

In der Bibel findet sich ein bezaubernder Dialog eines Liebespaares:

Ehemann: «*Du hast mir das Herz geraubt, meine Schwester, meine Braut. Du hast mir das Herz geraubt mit einem einzigen Blick aus deinen Augen, mit einer einzigen Kette von deinem Halsschmuck. Wie schön ist deine Liebe, meine Schwester, meine Braut! Wie viel köstlicher ist deine Liebe als Wein und der Duft deiner Salben als alle Balsamöle! Honigseim träufeln deine Lippen, meine Braut. Honig und Milch ist unter deiner Zunge, und der Duft deiner Gewänder gleicht dem Duft des Libanon ... meine Schwester, meine Braut ...*»

Ehefrau: «*Mein Geliebter ist weiss und rot, hervorragend unter Zehntausenden. Sein Haupt ist feines, gediegenes Gold, seine Locken sind Dattelrispen, schwarz wie der Rabe; seine Augen wie Tauben an Wasserbächen, in Milch gebadet seine Zähne, festsitzend in der Fassung; seine Wangen wie ein Balsambett, das Würzkräuter sprossen lässt; seine Lippen Lilien, triefend von flüssiger Myrrhe. Seine Hände sind goldene Rollen, mit Türkis besetzt; sein Leib ein Kunstwerk aus Elfenbein, bedeckt mit Saphiren. Seine Schenkel sind Säulen aus Alabaster, gegründet auf Sockel von gediegenem Gold. Seine Gestalt ist wie der Libanon, auserlesen wie Zedern. Sein Gaumen ist Süssigkeit, und alles an ihm ist begehrenswert. Das ist mein Geliebter und das mein Freund ...*»

Ehemann: «*Wie schön sind deine Schritte in den Sandalen, du Tochter eines Edlen! Die Biegungen deiner Hüften sind wie Halsgeschmeide, ein Werk von Künstlerhand. Dein Nabel ist eine runde Schale. Nie mangle es ihr an Mischwein! Dein Leib ist ein Weizenhaufen, umzäunt mit Lilien. Deine beiden Brüste sind wie zwei Kitze, Zwillin-*

ge der Gazelle. Dein Hals ist wie der Elfenbeinturm, deine Augen wie die Teiche in Heschbon am Tor der volkreichen Stadt, deine Nase wie der Libanon-Turm, der nach Damaskus hinschaut. Dein Haupt auf dir ist wie der Karmel und dein gelöstes Haupthaar wie Purpur. Ein König ist gefesselt durch deine Locken! Wie schön bist du, und wie lieblich bist du, o Liebe voller Wonnen! ...» (Hohelied 4,9–12; 5,10–16; 7,2–7).

Das ist wahrscheinlich die schönste Liebeserklärung, die sich Eheleute gegenseitig geben können. Sie drückt den Tiefgang und die Intensität ihrer Gefühle füreinander aus. Nur daraus sollte das Verlangen nach dem Einswerden entstehen, um sich gemeinsam an der körperlichen Intimität zu erfreuen.

Wenn du verheiratet bist, lass es nicht zu, dass deine Fantasie sich von den Begierden ernährt, die jene Frauen aus Papier erwecken. Schütze das Verhältnis zwischen deiner Frau und dir. Bemüht euch gegenseitig, eure Beziehung in der Liebe immer fester zu machen, indem ihr für ein gesundes und beständiges exklusives Verlangen füreinander sorgt. Pflegt in erster Linie eure geistliche Gemeinschaft und ihr werdet auch im Bereich der körperlichen Liebe davon profitieren.

«Trinke Wasser aus deiner eigenen Zisterne und was aus deinem Brunnen quillt. ... Deine Quelle sei gesegnet, erfreue dich an der Frau deiner Jugend! Die liebliche Hirschkuh und anmutige Gämse – ihre Brüste sollen dich berauschen jederzeit, in ihrer Liebe sollst du taumeln immerdar!» (Sprüche 5,15.18–19).

Schlusswort

Viele junge (und nicht mehr ganz junge) Menschen sind von ihrer Pornografiesucht geheilt worden, weil sie den Mut hatten, mit ihrem Problem richtig umzugehen, d. h. ihre Sünde zu bekennen, sich Rat bei Menschen zu holen, die ihnen helfen konnten, aber vor allem, weil sie ihr Vertrauen auf Christi Gnade und auf das Erneuerungswerk des Heiligen Geistes gesetzt haben. Heute können sie bezeugen, dass sie verwandelt durch die Erneuerung des Sinnes erkennen, was der Wille Gottes ist: das Gute und Wohlgefällige und Vollkommene (vgl. Römer 12,2). Sie leben nun ihren Glauben in einer totalen inneren Freiheit.

Genauso kannst auch du frei sein!

Mein aufrichtiges Gebet für dich – wenn du noch kein Christ bist, aber von der Pornografie geheilt werden willst – ist, dass du dem Einzigen begegnen mögest, der dich endgültig aus deiner Sucht befreien kann: Jesus Christus!

Und wenn du schon ein(e) Christ(in) bist, aber gegen die Fesseln kämpfst, die du noch nicht vor Gott gebracht hast, dann möchte ich darum beten, dass du begreifst: Er wartet auf dich, um dich die Fülle der Erlösung auskosten zu lassen, die er für dich am Kreuz vollbracht hat!

Fussnoten

1 Vgl. Panorama vom 12. Oktober 2000.
2 Vgl. Jack, Oktober 2000, Seiten 36–38.
3 Vgl. Jack, Oktober 2000.
4 Man spricht von «totaler Abhängigkeit», wenn ein Mensch seine natürliche Selbstbeherrschungskraft verloren hat und von einem obsessiven Verlangen bestimmt ist, seine kompulsive Begierde (d. h. seine zwanghafte ungezügelte Begierde, die er willkürlich gar nicht mehr unter Kontrolle halten kann) zu erfüllen.
5 Die Ursachen für einen Ehebruch sind sicherlich vielfältig, und man kann sie weder verallgemeinern noch alles allein der Pornografie zuschreiben. Nichtsdestotrotz ist ihr Anteil an der systematischen Zerstörung der Sexualmoral absolut unbestritten. Wie sollte man sich zum Beispiel zum einvernehmlichen Ehebruch stellen, der das «Austauschphänomen» zur Folge hat, d. h. den Partner auszutauschen, um neue sexuelle Erfahrungen zu machen? Man rechnet, dass dies in Italien über 400 000 Menschen regelmässig praktizieren. Welche Rolle spielt die Pornografie in der Verbreitung dieser neuen, unmoralischen Sitte? Im Rahmen einer Forschung sind die Ergebnisse im Oktober 2000 in Rom während der zweiten Internationalen Konferenz für Sexologie dargestellt worden. Demnach sollen mehr als 35 % der Italiener den Partner schon einmal betrogen haben oder wären nicht abgeneigt, ihn zu betrügen. Das ist mehr als jeder Dritte! Bezeichnend ist auch ein zweites Ergebnis der gleichen Umfrage und zwar, dass fast 33 % der Befragten sich pornografischen Materials bedienen. Noch beunruhigender sind die Ergebnisse eines Berichtes von *Asper* über das Sexualverhalten der Italiener. Demnach sollen sogar 70 % der Männer und 64 % der Frauen ihren Partnern untreu sein. Wird es langsam zur Mode? Am 22. Februar 2000 hielt man in einem Gymnasium in Mantova eine Unterrichtsstunde über Sexualität. Neben einem Geistlichen, einem Arzt und zwei Psychologen war unter den Referenten auch ein Pornostar! Welche Botschaft wurde den Schülern wohl vermittelt?
6 Siehe das Kapitel «Geschichte von Sucht und Abhängigkeit».
7 Ausser für das spezielle Problem der Pornografie können diese Tipps für jede Art von Sucht hilfreich angewendet werden. Sie

beziehen sich nämlich auf die geistlichen Prinzipien, die uns im Kampf gegen die Versuchung und die Sünde helfen.
8 Zum Beispiel, wenn mehrere geistliche Ursachen (wie z. B. dämonische Einflüsse) dazu beitragen, die Sucht aufrechtzuerhalten.
9 Denken wir z. B. an die Folgen der sexuellen Sünde, die David mit Batseba, der Frau des Uria, beging (vgl. 2. Samuel 11 und 12). Oder an den Mord, den Absalom nach der Vergewaltigung seiner Schwester Tamar gegenüber seinem Halbbruder Amnon befohlen hatte (vgl. 2. Samuel 13).
10 Die Versuchung, die zum Konsum von pornografischem Material und zur darauf folgenden Selbstbefriedigung treibt, ist nämlich eine Versuchung, bei der sich alles nur um das eigene Ich und die Erfüllung der eigenen Wünsche dreht.
11 Die Pornografie ist nicht ausschliesslich ein Jugendproblem!

Bücher aus unserem Verlag

Adams, Jay

Wachsen oder stolpern?
Geistliches Wachstum durch Probleme

(SV) geb., 160 Seiten, Best.-Nr. 818407, ISBN 3-85666-407-6

Versuchungen, Leid, Schmerz, widrige Umstände – Gott lässt manche Schwierigkeiten im Christenleben zu. Warum? Weil er es gut mit uns meint und unser geistliches Wachstum fördern will. Eine Lektion, die wir nicht begriffen haben, werden wir wiederholen müssen – das verlangt auch ein guter Lehrer, der für seinen Schüler das Beste will.

Wenn ein Christ mit Problemen und Nöten richtig umgeht, wird er daran geistlich wachsen und vielfältigen Segen erfahren. Ansonsten wird er immer wieder dieselben Fehler machen und sich dabei im Kreis drehen.

Der Jakobusbrief zeigt uns diesen wichtigen Lernprozess praktisch auf. Dabei richtet er unseren Blick auf die überwältigende Liebe Gottes. Das Buch motiviert zum biblischen Umgang mit schwierigen Umständen und Temperamenten. Der Leser erfährt einen Weg, wie er im Glauben wachsen kann und nach Gottes Willen beten lernt. Wollen wir wachsen oder stolpern?

Schwengeler

www.schwengeler.ch, Tel. (0041) (0)71 727 21-27 (Fax -28), bestellung@schwengeler.ch

Bücher aus unserem Verlag

Luedi, Marcus

Der Himmel im Sterbezimmer
Eine wahre Geschichte vom Sieg über Leiden und Tod

(SV) Pb., 256 Seiten, Best.-Nr. 818167, ISBN 3-85666-167-0

Gott hat die verzweifelten Gebete von Marcus Luedi erhört, aber ganz anders als erwartet. Auch die Leser seiner Autobiografie werden überrascht sein über das ungewöhnliche Handeln Gottes an Marcus und seiner Familie.
Der Autor liefert keine vorgefertigten Antworten vom «grünen Tisch» der Theorie, sondern er erzählt, wie seine Beziehung zu Gott im Glutofen der Prüfung geprägt wurde. Jeder, der Leid erlebt hat, berufliche Rückschläge, Niederlagen, Krankheit oder den Tod eines geliebten Menschen, wird aus den Seiten dieses Buches wieder Mut und Hoffnung schöpfen können. Auf faszinierende Weise werden die Leser mitgenommen auf eine abenteuerliche Reise durch die Höhen und Tiefen des Lebens mit Gott. Sie werden mit den Hauptfiguren des Buches mitfühlen können, aber gleichzeitig auch ermuntert, in allen Lebenslagen Gott zu vertrauen.

www.schwengeler.ch, Tel. (0041) (0)71 727 21-27 (Fax -28), bestellung@schwengeler.ch

Berger, Klaus Rudolf

Sigmund Freud
Vergewaltigung der Seele

(SV) Pb., 148 Seiten, Best.-Nr. 818281,
ISBN 3-85666-281-2

Die Praxen der Psychiater und Psychotherapeuten sind überfüllt. Menschen mit Identitätsproblemen, irrealen Ängsten und Fragen zu seelischen Nöten sind heute überall anzutreffen. Viele erhoffen sich von Fachleuten in Sache «Seele» Auskunft, Hilfe und Heilung. Sind ihre Erwartungen erfüllbar, ihre Ängste heilbar?
Sigmund Freud war zu seiner Zeit die Anlaufstelle für Fragen um die Seele des Menschen. Doch half Freud seinen Patienten wirklich? Wie sah sein Zugang zur Seele aus? Heute sehen viele in Freud einen, der Menschlichkeit, Selbständigkeit und Heilung des Menschen angestrebt habe. Wer war Sigmund Freud wirklich? Welche Grundlagen und Methoden dienten seiner berühmten Seelenlehre? Wie wertvoll und richtungsweisend waren Freuds Theorien für die folgenden Generationen der Psychoanalyse?

Schwengeler